Positiv denken und leben

Weitere Titel aus dem Gesundheitsbereich:

Weitere Titel in Vorbereitung

Positiv denken und leben

Von Gerhard Leibold

humboldt-taschenbuch 622

Umschlaggestaltung: Christa Manner, München
Umschlagfoto: Bildagentur Mauritius, Mittenwald;
Fotograf: Manus

Hinweis für den Leser:
Alle Angaben wurden von Autor und Verlag sorgfältig überprüft. Dennoch kann eine Gewähr nicht übernommen werden.

Printed in Germany
Druck: Presse-Druck Augsburg
ISBN 3-581-66622-7

1 2 3 * 92 91 90

Inhalt

Positives Denken – Die große Wende im Leben

Wie »funktioniert« positives Denken?

Unerwünschte Nebenwirkungen des Trainings ... 79

Glücklicher leben durch positives Denken

Vorwort

Die moderne Industriegesellschaft steckt in einer tiefen Krise. Nach den Jahren des Wiederaufbaus nach 1945 und dem Ausbau des Erreichten bis in die sechziger Jahre kam es Anfang der siebziger Jahre zum »Ölschock«, der die Grenzen des Wachstums und des Fortschritts bewußt machte, die bis dahin vielen Menschen als wichtigster Wert erschienen. Hinzu kam die »68er Revolution« an den Hochschulen, die vieles in Frage stellte, was vorher fest gefügt erschien. Damit setzte eine tiefe Verunsicherung der Menschen ein, die immer mehr unter dem Wertverlust in unserer Gesellschaft und den zunehmenden wirtschaftlichen Problemen litten, für die die Orientierung und oft genug die Suche nach dem Sinn ihres Lebens immer schwerer wurde.

Inzwischen hat sich die Lebenssituation weiter verschärft. Massenarbeitslosigkeit, die Rollenidentität von Mann und Frau, Furcht vor dem nuklearen Weltkrieg und der Umweltverschmutzung und nicht zuletzt das Reaktorunglück in Tschernobyl lassen keinen Zweifel mehr daran, daß wir nicht länger wie bisher weiterleben können. Unsere Gesellschaft befindet sich im tiefgreifenden Umbruch, ohne daß sich bisher schon abzeichnet, in welche Richtung sie sich entwickeln wird. Das ist wahrscheinlich nur ein vorübergehender, für uns Betroffene aber sehr unangenehmer Zustand.

So wundert es auch nicht, wenn immer mehr Menschen von negativen Gedanken gequält werden, sogar unter einer durchgehend negativen Grundeinstellung zum Leben leiden, die keine Lebensfreude mehr aufkommen läßt, Angst und Depressionen begünstigt. Das kann man verstehen, aber nicht gutheißen. So lassen sich die großen politischen, wirtschaftlichen und sozialen Probleme unserer Zeit gewiß nicht lösen. Vielmehr neigen die kollektiven negativen Gedanken dazu, sich automatisch selbst zu erfüllen – das gilt im privaten Lebensbereich ebenso wie in der Gesellschaft insgesamt.

Im Grunde ist es nicht schwieriger, positive Gedanken zu entwickeln, als sich durch negatives Denken das Leben vergällen zu lassen. So wie man die negativen Gedanken im Lauf des Lebens erlernte, kann man sie auch wieder verlernen und durch positive Denkinhalte ersetzen, die unabhängiger von äußeren Einflüssen machen. Das heißt nicht, daß man die Augen vor den Problemen verschließt, das wäre fruchtloses Vogel-Strauß-Verhalten. Positives Denken nimmt sehr wohl die Schwierigkeiten wahr, verhindert aber, daß man sich von ihnen unterkriegen und an Körper und Seele krankmachen läßt. Es aktiviert die Kräfte in uns, die notwendig sind, um die Probleme zu lösen. Und je mehr Menschen sich in ihrem persönlichen Lebensbereich positiv verhalten, desto leichter wird es schließlich auch fallen, die großen Probleme unserer Zeit sinnvoll zu bewältigen.

Das vorliegende Buch leitet an zum positiven Denken und erklärt, wie man es gezielt zur Lebensbewältigung und Überwindung körperlicher und seelischer Krankheiten praktisch anwenden kann. Die Mühe, die damit verbunden ist, lohnt sich, denn durch positives Denken gelangt man zu einem erfüllteren, glücklicheren Leben im Einklang mit sich selbst.

In diesem Sinne viel Erfolg!

Autor und Verlag

TEST:
DENKE ICH EHER POSITIV ODER EHER NEGATIV?

Viele Menschen können überhaupt nicht mehr beurteilen, ob sie eher zum positiven oder negativen Denken neigen, weil sich ihre Art des Denkens als Gewohnheit eingeschliffen hat. Dann fällt es sicherlich schwerer, negative Denkgewohnheiten gezielt zu verändern. Deshalb verhilft Ihnen der folgende Test zunächst zur vertieften Selbsterkenntnis und zeigt nicht mehr bewußte negative Denkinhalte auf, gegen die Sie nach den Anleitungen dieses Buchs angehen können.

Beantworten Sie alle Testfragen möglichst spontan. Wenn keine der vorgegebenen Ja- oder Nein-Antworten genau zutrifft, entscheiden Sie sich für die Antwort, die Ihrem Denken am ehesten gerecht wird.

Wenn Sie alle Fragen beantwortet haben, addieren Sie die Punkte der einzelnen Antworten. Die Auswertung finden Sie am Ende des Tests. Lesen Sie dort aber nicht vorher nach, das könnte Ihre Antworten beeinflussen.

Sie können diesen Test auch später wieder verwenden, wenn Sie das positive Denken einige Zeit geübt haben, um Ihre Fortschritte zu kontrollieren.

	Punkte	
	ja	nein
① Wenn es mir schlecht geht, tröste ich mich damit, daß das nicht ewig dauern kann.	0	3
② Die Schwierigkeiten, unter denen ich heute leide, begannen vor langer Zeit, da kann man nichts mehr ändern.	5	0
③ Ich achte sehr auf meine Gesundheit und nehme immer wieder Beschwerden wahr, die mich beunruhigen.	3	0
④ Manchmal fühle ich mich schlaff und abgespannt.	0	5
⑤ Ich habe das Recht, zwischendurch Fehler zu machen und daraus zu lernen.	0	4
⑥ Wenn ich mich für etwas entschieden habe, führe ich das auch konsequent aus.	0	3
⑦ Für die Zukunft der Menschheit sehe ich ziemlich schwarz.	4	0
⑧ Ich habe Angst, Telegramme und/oder Briefe zu öffnen.	3	0
⑨ Meist fühle ich mich gesund und leistungsfähig.	0	4
⑩ Als Mensch habe ich meinen eigenen Wert.	0	5
⑪ Eigentlich bin ich kein geselliger Mensch, der Kontakt zu anderen lohnt sich meist doch nicht.	5	0
⑫ Es ist nie zu spät, sein Leben zu verändern.	0	5
⑬ Manchmal bin ich schon etwas nervös.	0	5
⑭ Nur selten kommt es wirklich so schlimm, wie man es sich vorher ausmalte.	0	4
⑮ Für meine Familie bin ich ziemlich überflüssig.	5	0

	Punkte	
	ja	nein
⑯ Wenn ich in den Spiegel schaue, kann ich mich nicht leiden.	3	0
⑰ Ich schaffe es wohl nie, meine hohen Ziele zu verwirklichen.	5	0
⑱ Vor Gesprächen mit Vorgesetzten, Prüfungen und ähnlichen Situationen fühle ich mich immer beklommen.	3	0
⑲ Es gibt einige Menschen, die mich um meiner selbst willen mögen.	0	4
⑳ Im großen und ganzen bin ich mit mir recht zufrieden.	0	3
㉑ Ich glaube, daß ich fast alles erreichen kann, was ich mir ernsthaft vornehme.	0	5
㉒ Vor dem Alter habe ich Angst.	3	0
㉓ Beim Aufwachen frage ich mich oft bang, was mir der neue Tag wohl wieder bringen mag.	5	0
㉔ In meinem Leben versuche ich immer, aus allem das Beste zu machen und mich nie mit einer Niederlage abzufinden.	0	5
㉕ Manche Menschen sind mir unsympathisch.	0	5
㉖ Immer wieder passiert mir etwas, das mich in Angst und Panik versetzt.	5	0
㉗ Ich glaube, andere Menschen denken und reden schlecht über mich.	5	0
㉘ Im Leben habe ich noch nie wirklich Glück gehabt, das trifft immer nur die anderen.	4	0
㉙ Ich versuche, alles bis ins Kleinste vorauszuplanen, sonst bin ich unsicher.	3	0
㉚ Mir fehlt die Kraft, meine Ziele durchzusetzen, wenn ich auf Widerstand stoße, gebe ich rasch wieder auf.	5	0
	Gesamtpunkteanzahl:	

Auswertung

Der vorige Testkatalog enthält drei Kontrollfragen, die praktisch jeder Mensch, der aufrichtig antwortet, bejahen muß. Es handelt sich dabei um die Fragen 4, 13 und 25. Anhand Ihrer Antworten zu diesen drei Fragen können Sie selbst prüfen, wie zuverlässig Sie geantwortet haben. Wenn Sie nicht alle drei Kontrollfragen bejahten, wurde der Test nicht ganz korrekt durchgeführt. Versuchen Sie, den Gründen auf die Spur zu kommen, und absolvieren Sie den Test nach einiger Zeit nochmals; vermutlich werden Sie sich dann zwar noch an die Kontrollfragen erinnern, aber beantworten Sie die anderen so zuverlässig wie möglich.

Die Punkte, die bei den drei Kontrollfragen zur »Tarnung« angegeben wurden, beziehen Sie nicht in die folgende Auswertung mit ein, sondern nur die der anderen 27 Fragen, sonst wird das Ergebnis verfälscht.

Die mögliche Punktzahl liegt zwischen 0 und 111 Punkten und wird wie folgt beurteilt:

0– 5 Punkte:	Sie sind ein glücklicher Mensch, dessen positive Einstellungen durch nichts erschüttert werden können.
6–11 Punkte:	Manchmal schleicht sich bei Ihnen zwar der eine oder andere negative Gedanke ein, aber damit werden Sie leicht fertig.
12–25 Punkte:	Zwar überwiegt bei Ihnen eindeutig das positive Denken, aber Sie lassen sich darin hin und wieder schon vorübergehend verunsichern.
26–40 Punkte:	Oft siegt bei Ihnen zwar noch das positive Denken, aber zu häufig werden Sie auch von negativen Gedanken geprägt und fehlgeleitet.
über 40 Punkte:	Je höher Ihre Punktzahl über 40 liegt, desto mehr steht das negative Denken im Vordergrund und vergiftet Ihr ganzes Leben; vielleicht blockiert auch eine seelische Krankheit die positiven Gedanken; jedenfalls sollten Sie unbedingt konsequent nach diesem Buch das positive Denken üben und bei Bedarf einen Psychotherapeuten aufsuchen.

»Ich denke, also bin ich!«

– Psychologische Grundlagen des Denkens –

Am Übergang vom Mittelalter zur Neuzeit, der durch den Aufschwung der Naturwissenschaften gekennzeichnet ist, steht in der europäischen Geistesgeschichte der französische Philosoph RENÉ DESCARTES (1596–1650). Von ihm stammt der selbstbewußte Satz »Ich denke, also bin ich!« In einer Zeit des Umbruchs, in der DESCARTES lebte – wie wir heute auch –, schuf er damit ein unverrückbares Fundament, das allen Zweifeln und Einwänden standhielt. Selbst der größte Skeptiker kann diesen Satz nicht bezweifeln, denn er kann nur zweifeln, weil er denkt und existiert. Der Zweifel an der These von DESCARTES bestätigt sie also zugleich.

Auch aus der Sicht der modernen Psychologie gehört das Denken zu den hervorragenden, das menschliche Sein kennzeichnenden Fähigkeiten. Inzwischen wissen wir vom Denken aber viel mehr als DESCARTES. Besonders wichtig ist dabei für positives wie negatives Denken, daß diese Tätigkeit nicht isoliert vom Seelenleben betrachtet werden darf. Die Art des Denkens steht untrennbar im Zusammenhang mit Gefühlen, Trieben, Wünschen, Hoffnungen und mit dem Unbewußten. Deshalb wird unser Denken durch zahlreiche Einflüsse gesteuert, die uns meist überhaupt nicht bewußt sind. Das erklärt viele negative Gedanken, bietet aber zugleich auch die Chance, das Denken positiv zu beeinflussen und dadurch auch auf jenen Teil des Seelenlebens einzuwirken, der sich gewöhnlich unserer Steuerung entzieht.

Zum besseren Verständnis des positiven Denktrainings wollen wir zunächst kurz beschreiben, was Denken bedeutet, wie es sich entwickelt und in welchen Formen es abläuft.

Was heisst das: Denken?

Das Denken gilt als eine der wichtigsten und kompliziertesten Funktionen des Seelenlebens. Bisher gibt es dazu noch keine einheitliche Theorie, die alle Fragen zufriedenstellend beantwortet.

Ob Denken nur dem Menschen eigen ist oder ob es auch bei höheren Tieren eine Art »Denken« gibt, läßt sich ebenfalls noch nicht sicher beantworten. Eines der Probleme bei der Erforschung des Denkens ergibt sich daraus, daß der Gegenstand der Forschung zugleich ihr Instrument darstellt, das Denken also durch Denken ergründet werden muß, wir also denkend an die Grenzen unseres Denkens stoßen. Das führt zu einigen Schwierigkeiten, auf die hier aber nicht mehr weiter eingegangen werden soll.

Das Ziel unserer Denkarbeit besteht meist darin, praktische oder theoretische Aufgaben zu lösen oder uns zu orientieren sowie kreativ zu betätigen. Dazu muß man sich zunächst die Begriffe und Sachverhalte, mit denen gearbeitet werden soll, veranschaulichen, also ihren konkreten Sinn erfassen oder ihnen – wenn es sich um abstrakte (unanschauliche) Begriffe handelt – erst einen konkreten Sinn verleihen. Deshalb vollzieht sich das Denken im Grunde immer abstrakt, auch wenn es sich mit praktischen Fragen und konkreten (anschaulichen) Vorstellungen befaßt.

Erst danach können wir dann im weiteren Verlauf des Denkens die Beziehungen und Zusammenhänge zwischen den Begriffen und Sachverhalten erfassen oder neu herstellen und die Aufgaben dadurch lösen.

Denken steht mit Intelligenz und Gedächtnis in Zusammenhang, darf aber nicht damit gleichgesetzt werden, wie es umgangssprachlich oft geschieht. Es gibt zum Beispiel Menschen mit einem phänomenalen Gedächtnis, die deshalb aber nicht zu besonderen Denkleistungen fähig sind, sondern zum Teil sogar als intellektuell unterbegabt angesehen werden müssen. (Auf das Gedächtnis kommen wir später, vgl. S. 22, noch ausführlicher zu sprechen.)

Der Begriff Intelligenz kann derzeit noch nicht genau definiert werden. Ganz allgemein versteht man darunter den Teil der Persönlichkeit, der uns befähigt, uns in neuen Situationen zu behaupten und zu bewähren; dazu trägt das Denken mit bei.

Als Funktion der Ich-Schicht des Seelenlebens gehört das Denken zum Bewußtsein, ist aber nicht ganz identisch mit ihm. Entsprechend der Entwicklung des Seelenlebens insgesamt unterscheiden wir auch beim Denken verschiedene Stufen und Formen der Entwicklung, mit denen wir uns jetzt kurz befassen wollen.

Einfaches Nachdenken

Die erste Entwicklungsstufe des Denkens, zu der die meisten Menschen unabhängig von ihrer Intelligenz befähigt sind, ist das Nachdenken. Dabei werden die Inhalte der Denkprozesse von außen vorgegeben, zum Beispiel durch die Lektüre von Büchern und Zeitungen, durch Radio- und Fernsehsendungen oder durch Gespräche mit anderen Menschen.

Bei solchen Anlässen nimmt man die Gedanken der anderen zunächst auf. Danach beginnt das Nachdenken, bei dem man versucht, den Sinnzusammenhang der vorgedachten Gedanken zu erfassen und zu verstehen. Wenn das gelungen ist, nimmt man die fremden Denkinhalte auf, als wären es die eigenen Gedanken.

Nachdenken als einfachste Form des Denkens sagt nichts über die Intelligenz und Kritikfähigkeit eines Menschen aus. Auch hochintelligente, skeptische Menschen denken über die Gedanken nach, die sie von anderen aufgenommen haben, und akzeptieren sie, wenn sie ihrer kritischen Prüfung standhalten. Aber sie begnügen sich nicht mit dieser Form des Denkens, sondern denken auch auf höheren Denkebenen selbständig.

Höhere Stufen des Denkens

Ein wichtiges Kriterium für den Entwicklungsstand des Denkens ist seine Selbständigkeit und Unabhängigkeit. Damit erhebt es sich über das bloße passive Nachdenken über das hinaus, was andere vorgedacht haben, und schafft die Voraussetzungen für eine eigenständig-kritische Lebensweise.

Die höheren Stufen des Denkens stehen untrennbar mit der Entwicklung der Persönlichkeit in Zusammenhang. Nur eine selbständige, mutige Persönlichkeit gelangt über das bloße Nachdenken hinaus, macht sich selbst Gedanken und findet individuell durchdachte Lösungen für anstehende Aufgaben und Probleme des Alltags.

Das höhere Denken bedeutet deshalb immer auch ein Stück Selbstverwirklichung, die beim bloßen Nachdenken verfehlt wird. Somit entscheidet der Entwicklungsstand des Denkens maßgeblich mit über Glück und Erfolg im Leben.

Kreatives Neudenken

Als höchste Entwicklungsstufe des Denkens kennen wir das schöpferisch-produktive (kreative) Neudenken. Es unterscheidet sich von den anderen Stufen des Denkens hauptsächlich dadurch, daß es die gewohnten Bahnen des Denkens verläßt, nach neuen Wegen und Lösungen sucht.

Dabei weicht es häufig von herkömmlichen Ansichten und Einstellungen ab, was zu erheblichen Konflikten mit der Umwelt führen kann.

Ein weiteres Merkmal des kreativen Neudenkens besteht darin, daß nicht nur schon bekannte, vorgegebene Aufgaben auf neue, originelle Weise erfaßt und gelöst werden. Vielmehr stellt es sich auch selbständig neue Aufgaben und erkennt Probleme, an die vorher noch niemand dachte.

Schöpferisches Denken ist also weitgehend unabhängig und deshalb unentbehrlich für wissenschaftliche Erkenntnis, technischen Fortschritt – überhaupt für die Weiterentwicklung einer Gesellschaft.

Es versteht sich von selbst, daß kreatives Neudenken der Zeit weit voraus sein kann. Seine Ergebnisse werden deshalb anfangs (oder auch lange Zeit) oft nicht verstanden. Das führt zu Anfeindungen und starken Widerständen der Umwelt.

Ob sie ertragen und schließlich überwunden werden oder die neuen Ideen resigniert wieder in die Schublade gesteckt werden, weil sie doch keine Chance zur Verwirklichung haben, hängt entscheidend von der Persönlichkeit ab. Mut und persönliche Reife sind ebenso wie der unerschütterliche Glauben an sich selbst notwendig, um sich gegen alle Schwierigkeiten zu behaupten und auch Nachteile in Kauf zu nehmen.

Da dies nicht jedermanns Sache ist, verpuffen viele neue, gute Gedanken wirkungslos, werden vielleicht erst viel später, wenn die Zeit dafür reif geworden ist, wieder aufgegriffen oder nochmals gedacht.

FORMEN DES DENKENS

Abgesehen von den verschiedenen Entwicklungsstufen des Denkens gibt es auch noch erhebliche qualitative Unterschiede in der Form des Denkens. Sie lassen sich im Grunde nicht isoliert von den Entwicklungsstufen betrachten, die Trennung wurde hier nur aus methodischen Gründen zum besseren Verständnis vorgenommen.

»Magisches« Denken

Diese einfache, zum Teil sehr phantasievolle Form des Denkens finden wir hauptsächlich bei Kindern und bei Naturvölkern, die in ihrer zivilisatorischen Entwicklung noch auf einer kindähnlichen Bewußtseinsstufe stehen. Kennzeichnend für das »magische« Denken ist, daß das Bestehen der Welt als solcher auf okkulte Kräfte zurückgeführt wird. Diese sollen dann durch geheimnisvolle Praktiken – bei den Naturvölkern zum Beispiel durch Zauber- und Religionsriten, bei Kindern durch selbst entwickelte oder von anderen übernommene Praktiken – beschwichtigt oder genützt werden.

Im Kindesalter dauert das »magische« Denken ungefähr bis zum sechsten/siebten Lebensjahr. Danach besteht es in abgeschwächter Form aber noch lange fort, wenn nicht zu ergründende Fragen und Probleme im Alltag auftauchen. Selbst Erwachsene sind nicht ganz frei von dieser Form des Denkens, man denke an den Aberglauben, dem auch ausgeprägt skeptische, realistische Menschen in einem Winkel ihrer Seele oft noch anhängen. Typisch ist zum Beispiel das Tragen von Amuletten, der Glauben an Horoskope, die Angst vor der Zahl 13 oder das symbolische Klopfen auf Holz, um Unglück zu verhüten.

Die Abkehr vom »magischen« Denken beginnt ungefähr im dritten Lebensjahr mit dem Fragealter, das ungefähr im fünften Lebensjahr seinen Höhepunkt erreicht. In dieser Zeit versucht das Kind, sein Weltbild zu entwickeln. Dabei »nervt« es seine Umwelt durch zahllose Fragen, die auch die Erwachsenen nicht immer beantworten können. Wie weit das »magische« Denken dabei überwunden wird, hängt nicht zuletzt von der Qualität der Antworten ab, die das Kind in dieser Zeit erhält. Je besser und genauer ihm die Welt erklärt wird, desto seltener muß es später zur Erklärung auf geheimnisvolle Kräfte und Praktiken zurückgreifen.

Nach dem fünften Lebensjahr lassen die Fragen des Kindes allmählich nach. Zwar hat es, um mit MAX PLANCK zu sprechen, die »Rätsel der Welt« noch längst nicht gelöst (das kann ohnehin niemand von sich behaupten), aber es hört langsam auf, sich darüber zu wundern, findet sich einfach damit ab, ohne okkulte Erklärungen zu suchen. Das kann später die Entwicklung zum kreativen Neudenken, das viel mit Neugierde und der Fähigkeit zum kindlichen Staunen, Wundern und Fragen zu tun hat, behindern oder ganz vereiteln.

Anschauliches Denken

Das konkret-anschauliche Denken beschäftigt sich nur mit den »faßbaren« Phänomenen unserer Welt. Es stellt also eine recht einfache Entwicklungsstufe des Denkens dar, auf der nicht wenige Menschen ein Leben lang fast ohne Ausnahmen verharren. Das darf nun keinesfalls als abwertendes Urteil mißverstanden werden. Konkretes Denken kann durchaus genügen, um im Leben seinen Mann oder seine Frau zu stehen, Erfolge zu erzielen und sich selbst zu verwirklichen. Allerdings wird es heute in unserer hochkomplizierten Industriegesellschaft immer schwieriger, sich noch zurechtzufinden, wenn man fast ausschließlich konkret denkt. Viele Sachverhalte lassen sich auf diese Weise nur unvollständig erfassen. Daraus entsteht Unsicherheit, die in Angst übergehen kann; unter dieser Angst leiden heute viele Zeitgenossen.

Ausgeprägtes anschaulich-konkretes Denken mit Vernachlässigung aller anderen Formen des Denkens findet man häufig bei Menschen mit vorwiegend praktischer Intelligenz. Sie stehen mit beiden Beinen fest im Leben und auf dem Boden der Tatsachen und werden kaum von »des Gedankens Blässe angekränkelt«.

Um keine Mißverständnisse aufkommen zu lassen, muß noch angemerkt werden, daß natürlich jeder Mensch – unabhängig vom Entwicklungsstand seines Denkens – konkret-anschaulich denkt. Bei dem beschriebenen Menschentyp vollzieht sich das Denken aber hauptsächlich auf dieser Ebene, andere Formen des Denkens werden kaum gepflegt.

Logisches Denken

Das Wort Logik stammt aus der griechischen Philosophie. Man gebraucht es oft – nicht ganz korrekt – im Sinne von Vernunft. Genau genommen versteht man darunter die Betrachtung der Denkinhalte nach ihrer Form und ihren Beziehungen zueinander, um daraus logische Gesetze abzuleiten und andere Rückschlüsse zu ziehen. Beim logischen Denken werden also zunächst verschiedene Sachverhalte einzeln beurteilt und dann gedanklich in sinnvolle Beziehungen zueinander gesetzt.

Logisches Denken wird hauptsächlich dann erforderlich, wenn es gilt, aus vorgegebenen Annahmen, Vermutungen und Voraussetzungen Rückschlüsse zu ziehen oder aus den Besonderheiten des Einzelfalls allgemeingültige Einsichten zu gewinnen. Das ist heute besonders wichtig geworden, denn wir leben in einer von Naturwissenschaften und Technik geprägten Welt, die sich streng nach logischen Gesetzen richtet. Ohne Logik gibt es also keinen technischen oder wissenschaftlichen Fortschritt; ohne logisches Denken kommt man aber auch im Alltag nur schwer zurecht und kann sich in der komplexen Industriegesellschaft nur schwer orientieren und behaupten.

Allerdings darf man die strenge Logik des Denkens auch nicht überbewerten. Viele große Gedanken, Erkenntnisse, Entdeckungen und Erfindungen waren das Ergebnis schöpferischen Neudenkens (»plötzliche« Einfälle, Erleuchtungen) und wurden erst hinterher durch logisches Denken untermauert und bestätigt. Ferner sollte man nicht vergessen, daß der Mensch auch beim Denken aus dem Unbewußten beeinflußt wird, das sich nicht an die Gesetze der Logik hält.

Deshalb verhält sich kein Mensch immer logisch und berechenbar für seine Umwelt.

Abstraktes Denken

Die Fähigkeit zum abstrakten Denken bildet eine unentbehrliche Voraussetzung des Denkens schlechthin. Jeder geistig normal entwickelte Mensch kann deshalb auch abstrakt denken. Diese Fähigkeit ist allerdings individuell unterschiedlich gut ausgeprägt.

Abstraktion bedeutet Bildung von Begriffen und Veranschaulichung von Sachverhalten. Deshalb steht sie – wie eingangs schon erklärt – stets am Anfang eines jeden Denkprozesses.

Erst wenn die Begriffe und Sachverhalte durch abstraktes Denken veranschaulicht wurden, kann man im weiteren Verlauf des Denkens Beziehungen und Zusammenhänge erfassen oder neu herstellen.

Die Fähigkeit zum abstrakten Denken ist beim Menschen nicht von Geburt an vorhanden, sondern entwickelt sich erst allmählich. Sie steht auch mit der Entwicklung der Persönlichkeit in engem Zusammenhang. So, wie es Menschen gibt, bei denen das konkret-anschauliche Denken überwiegt, gibt es andere, die vorwiegend abstrakt-unanschaulich denken.

Aktives und passives Denken

Zu den bedeutendsten Denkern der Antike zählt der griechische Philosoph ARISTOTELES (384–322 v. Chr.). Der scharfsinnige Logiker und Systematiker befaßte sich besonders eingehend mit dem menschlichen Denken. Auch wenn ihm dabei natürlich noch nicht die weitreichenden Erkenntnisse der modernen Psychologie (sie war damals ein Teilgebiet der Philosophie) zur Verfügung standen, können manche seiner Einsichten und Theorien auch heute noch uneingeschränkt akzeptiert werden. Dazu gehört die Unterscheidung der Denkprozesse in aktives und passives Denken, die er erstmals vornahm.

Aktives Denken kommt bewußt zustande; am Anfang steht der Willen, der dem Verstand eine Aufgabe stellt, die durch Denken gelöst werden muß; dadurch wird dann ein Denkprozeß in Gang gesetzt, der vom Willen nach den Gesetzen der Logik gesteuert wird und zum gewollten Ergebnis führt.

Passives Denken vollzieht sich unwillkürlich, weder der Denkakt noch sein Ergebnis müssen bewußt werden; eine typische Form dieses Denkens, die seine Beziehung zum Unbewußten veranschaulicht, ist der Traum oder der schlafähnliche Zustand der Hypnose; ferner gehören spontane Einfälle und Problemlösungen durch Inspiration und Intuition zu den Ergebnissen des passiven Denkens, wobei der Denkprozeß selbst unbewußt abläuft und nur sein Ergebnis plötzlich bewußt wird; umgangssprachlich nennt man das eine »Erleuchtung« oder sagt auch, daß bei jemandem »der Groschen gefallen ist«.

Für das positive Denken, wie überhaupt für jede Selbstbeeinflussungstechnik, sind beide Formen des Denkens erforderlich. Am Anfang steht der aktive Denkprozeß, der dazu führt, daß man sich überhaupt zur Selbstbeeinflussung entschließt, die geeignete Technik auswählt und sich Ziele setzt, die dadurch erreicht werden sollen. Die Selbstbeeinflussung läuft dann vorwiegend in Form des passiven Denkens ab. Darauf kommen wir später zurück (S. 39 f.).

DENKEN UND SEELISCHE EINFLÜSSE

Das Denken vollzieht sich nicht isoliert vom Seelenleben, sondern steht in enger Wechselbeziehung mit ihm. Die Art, wie ein Mensch denkt, ist deshalb immer auch Ausdruck seiner Persönlichkeit und beeinflußt umgekehrt maßgeblich die Persönlichkeit mit.

Die Beziehungen zwischen Seelenleben und Denken sind zu kompliziert, als daß sie hier umfassend dargestellt werden könnten. Im Prinzip lassen sie sich auf die folgenden beiden Grundfunktionen reduzieren:

① Denken aktiviert die Teile des Seelenlebens, die notwendig sind, um die Gedanken in die Tat umzusetzen; so werden durch Denken zum Beispiel Interessen, Neigungen, Gefühle und Triebe geweckt;

② umgekehrt dient das Denken dem Seelenleben, damit es seine Bedürfnisse realisieren kann; wenn beispielsweise Interessen, Neigungen, Gefühle, Triebe und andere seelische Regungen geweckt wurden, schaltet sich das Denken ein, um Strategien zur Verwirklichung solcher Bedürfnisse auszuarbeiten; meist kommt dann auch noch der Willen als »Gehilfe« des Denkens zur Geltung.

Das Zusammenspiel zwischen Denken und Seelenleben ist einerseits notwendig und nützlich. Positive Gedanken nehmen Einfluß auf Absichten, Erwartungen, Hoffnungen, Stimmungen, das Verhalten und andere seelische Bereiche. Im allgemeinen führen sie zur positiven Färbung dieser seelischen Inhalte und erleichtern es uns, Absichten und Ziele zu erreichen und ein erfüllteres, glücklicheres Leben zu führen.

Negatives Denken dagegen, wie es durch Enttäuschungen und andere unausweichliche negative Lebenserfahrungen entsteht, führt zu depressiven Verstimmungen, negativen Erwartungen und Hoffnungslosigkeit, kann ein ganzes Leben zerstören und schlimmstenfalls sogar mit Selbstmord enden.

Dem läßt sich durch gezieltes Training des positiven Denkens, wie es in diesem Buch beschrieben wird, wirksam vorbeugen.

DAS GEDÄCHTNIS

Auch das Gedächtnis darf nicht getrennt vom übrigen Seelenleben betrachtet werden. Wie das Denken steht es in enger Wechselbeziehung mit ihm, nimmt also Einfluß darauf und wird umgekehrt durch viele seelische Vorgänge beeinflußt. Für das Denken und die Intelligenz ist das Gedächtnis unentbehrlich als »Informationsspeicher«, dessen Inhalte zur Lösung neuer Aufgaben herangezogen werden.

Aus den Zusammenhängen zwischen Gedächtnis und Seelenleben erklärt sich unter anderem, weshalb wir unangenehme Erfahrungen besonders rasch vergessen (in Wirklichkeit nur ins Unbewußte verdrängen, von wo aus sie weiter wirken können) oder besonders lange und quälend deutlich in der Erinnerung behalten und im höheren Alter oft alles Vorangegangene durch eine rosarote Brille betrachten (»früher war alles besser«).

Hauptsächlich hilft uns das Gedächtnis beim Lernen als Voraussetzung für Denk- und Intelligenzleistungen und erlaubt uns die Orientierung in Raum und Zeit. Es wird in folgende drei Teilfunktionen untergliedert:

① Merkfähigkeit:
Sie hängt zunächst von Alter, Beruf und Geschlecht ab; bis zum 25. Lebensjahr nimmt die Merkfähigkeit ständig zu, danach läßt sie allmählich nach. Das richtet sich auch nach dem Beruf, denn bei Geistesarbeitern bleibt die Merkfähigkeit deutlich länger als bei Handarbeitern erhalten. Darüber hinaus bestimmen Interessen, Gefühle, Motive und Begabungen mit, wie gut ein Inhalt gemerkt wird.

Das Merken kann bewußt und gewollt erfolgen, zum Beispiel beim Lernen, aber auch teilweise oder ganz unbewußt und ungewollt, wenn man Wahrnehmungen mit Interesse, Aufmerksamkeit oder Gefühlsbeteiligung verfolgt.

② Behaltefähigkeit:
Beim Behalten spielen im Grunde die gleichen Faktoren wie beim Merken eine Rolle; besonders gut behalten werden Inhalte, die mit Gefühlen verbunden sind, aber auch solche, die sich gut mit bereits vorhandenen Gedächtnisinhalten verknüpfen lassen. Oft erlebt man, daß ausgerechnet die mit Scham, Enttäuschung und anderen negativen Gefühlen behafteten Inhalte besonders hartnäckig behalten werden, obwohl man sie so rasch wie möglich vergessen möchte.

Das Vergessen beginnt rasch, verlangsamt sich dann aber deutlich; am schnellsten wird Unwichtiges und nur nebenbei Wahrgenommenes vergessen. Manche Fachleute bezweifeln, daß wir überhaupt je etwas vergessen, aber dazu gibt es bisher nur Theorien, die viele Fragen offenlassen.

③ Reproduktionsfähigkeit:
Was man sich gemerkt und behalten hat, muß bei Bedarf auch wiedergegeben (reproduziert) werden können, sonst nützt es uns

nichts. Manche Inhalte des Gedächtnisses können sofort, andere erst nach einiger Besinnung reproduziert werden, an das Vergessene erinnert man sich überhaupt nicht mehr.

Das Reproduktionsvermögen ist individuell unterschiedlich ausgeprägt und bestimmt deshalb die Persönlichkeit eines Menschen mit. Manche erinnern sich besonders gut an Namen oder Zahlen, andere besser an Bilder oder Örtlichkeiten.

Erinnerungen müssen nicht immer mit Reproduktion des Gedächtnisinhaltes einhergehen; man kann sich zum Beispiel noch so gut an ein bestimmtes Musikstück erinnern und es auf Anhieb wiedererkennen, muß es aber noch lange nicht reproduzieren können.

Das Gedächtnis kann mit über positives oder negatives Denken entscheiden. Wenn darin viele negative Erfahrungen gespeichert wurden, die man nicht richtig verarbeitet hat, führt das häufig zu negativen Gedanken, die sich dann selbständig erfüllen und (scheinbar) bestätigen. Diesen Teufelskreis kann man nur durch positives Gedankentraining durchbrechen, denn negative Lebenserfahrungen lassen sich niemals vermeiden. Auch scheinbar längst vergessene negative Erfahrungen, an die wir uns überhaupt nicht mehr erinnern, können aus dem Unbewußten negativen Einfluß auf die Gedanken nehmen. Umgekehrt fördern positive Lebenserfahrungen, die im Gedächtnis gespeichert wurden, natürlich das positive Denken.

Negatives Denken
»vergiftet« das Leben

– Ursachen und Folgen negativen Denkens –

Es gibt keine Zahlen darüber, wie oft das negative Denken das Leben in ungünstige Bahnen lenkt, die Selbstverwirklichung be- und verhindert und dem Leben Sinn und glückliche Erfüllung versagt. Wenn man von Erfahrungen in der psychotherapeutischen Praxis ausgeht, muß man annehmen, daß dies heute bei sehr vielen Menschen der Fall ist, denn negatives Denken ist weit verbreitet. Wahrscheinlich kann man daraus auch die wachsende Zahl seelisch kranker Menschen in allen Industriegesellschaften, den Alkohol-, Drogenmißbrauch und die hohe Selbstmordrate mit erklären. Wer negativ denkt, neigt vor allem zu Depressionen und Ängsten, die von Selbstmordgedanken begleitet werden können, und ist auch anfälliger für Suchtmittel.

Darüber hinaus steht auch die körperliche Gesundheit mit dem Denken in Zusammenhang. Zwar konnte noch nicht genau geklärt werden, wie sich negative Denkgewohnheiten auf die Körperfunktionen auswirken, aber dank der Forschungen der modernen psychosomatischen (*psychisch* = seelisch, *somatisch* = körperlich) Medizin, die sich mit diesen Fragen befaßt, gibt es heute keinen Zweifel mehr daran.

Es lohnt sich also, negatives Denken, das unser ganzes Leben überschatten und die körperlich-seelische Gesundheit untergraben kann, durch positives Gedankentraining gezielt zu überwinden. Ehe wir uns damit befassen, wollen wir zunächst aber noch untersuchen, wie es überhaupt zum negativen Denken kommt und welche Hauptfolgen davon zu befürchten sind. Das gibt Ihnen zugleich die Möglichkeit, Ihre eigene Lebenssituation einmal unter die Lupe zu nehmen und zu erkennen, ob und warum Sie persönlich zu negativem Denken neigen. Die Einsicht in die Ursachen kann dann der erste Schritt zur Wende werden.

Wurzeln des negativen Denkens

Negative Gedanken lassen sich im Prinzip immer auf einige wenige Ursachen zurückführen, die miteinander in enger Beziehung stehen. Man kann diesen Einflüssen im Leben zwar nie entgehen, aber sie lassen sich durch richtige Reaktionen verarbeiten und entschärfen, damit es überhaupt nicht erst zum negativen Denken kommt. Das Gedächtnis (vgl. S. 22 f.) spielt dabei eine wichtige Rolle, aber auch die Erziehung und das Vorbild der Eltern können viel dazu beitragen.

Erfahrungen des Lebens

In der Psychologie wird der Begriff Erfahrung in mehrfacher Bedeutung gebraucht. Zunächst versteht man darunter das Erleben, Empfinden und Erleiden von Reizen, die von außen einwirken oder aus Körper und Seele selbst stammen (zum Beispiel der Schmerz) und das Bewußtwerden von Empfindungen, Sachverhalten und Persönlichkeitsstrukturen sowie von Ereignissen. Ferner kann man auch die bewußte, immer subjektiv gefärbte Beurteilung von Eindrücken, Erlebnissen, Persönlichkeitsstrukturen und anderen Reizen als Erfahrung bezeichnen. Schließlich wird auch das Wissen, das man daraus gewinnt, zu den Erfahrungen gerechnet.

Leben vollzieht sich wellenförmig, was die Erfahrungen angeht. Das heißt, die positiven und negativen Erfahrungen wechseln einander ab. Manchmal scheint es, daß man aus einer Talsohle überhaupt nicht mehr herauskommt und vom Pech verfolgt wird, aber die praktische Lebenserfahrung lehrt, daß auch die längste Pechsträhne einmal zu Ende geht, wenn man sich von ihr nicht unterkriegen läßt, resigniert oder gar verzweifelt. Dieses »Grundgesetz« des Lebens darf man niemals vergessen, sonst findet man aus dem Unglück nicht mehr heraus. Alle negativen Lebenserfahrungen müssen bewußt verarbeitet werden, damit sie ihren ungünstigen Einfluß verlieren. Dazu sind heute aber viele Menschen nicht mehr bereit. Wenn sie eine Enttäuschung erleben, an einer Aufgabe scheitern, einen Verlust hinnehmen müssen, dann streben sie danach, diese Erfahrung so rasch wie möglich zu vergessen. Das ist nur möglich, indem man sie ins Unbewußte verdrängt. Dadurch verschwindet sie zwar aus dem Denken, hat aber nichts von ihrem negativen Einfluß eingebüßt. Vielmehr wirkt sie aus dem Unbewußten heraus weiter fort, ohne daß man das bewußt wahrnimmt. So kommt es dann zu negativen Gedanken, deren Ursachen man nicht mehr kennt. Auch regelrechte seelische Krankheiten können sich durch solche Verdrängungen entwickeln.

Der Verdrängung gleichzusetzen ist die Einnahme von Arzneimitteln, Alkohol und Drogen. Mit ihrer Hilfe kann man negative Erfahrungen auch nicht bewältigen, sondern nur die Erinnerung daran unterdrücken. Das erscheint zwar bequemer als die bewußte Verarbeitung, rächt sich aber durch negatives Denken und seelische Störungen, zum Teil auch durch unerwünschte Nebenwirkungen auf körperliche Funktionen.

▶ Die sinnvolle Verarbeitung negativer Erfahrungen beginnt in der Regel damit, daß man die Ursachen und Auswirkungen auf das weitere Leben analysiert. Das kann bereits zu einer deutlichen seelischen Entlastung führen, wenn man dabei zum Beispiel erkennt, daß man selbst keine oder nur geringe Schuld daran trägt und die Folgen nicht so gravierend sind, wie man zunächst vielleicht befürchtete.

▶ Anschließend muß man versuchen, sich mit der neuen Situation anzufreunden und das Beste daraus zu machen. Auch dabei stellt man häufig fest, daß alles längst nicht so schlimm ist, wie man anfangs annahm. Manche auf den ersten Blick negative Erfahrung erweist sich hinterher vielleicht sogar als nützlich und positiv und kann neue Chancen eröffnen. Aber auch wenn das nicht eintritt, hilft es wenig, weiter mit dem Schicksal zu hadern. Dadurch verschlimmert man die ganze Situation noch weiter. Der Blick muß nach vorne gerichtet werden, dann kommt man am schnellsten über derartige Erfahrungen hinweg.

▶ Viele negative Lebenserfahrungen bieten auch die Möglichkeit, daraus zu lernen, das Wissen und Verhaltensrepertoire für die Zukunft zu erweitern und den gleichen Fehler nicht mehr zu begehen. Gerade diese für das weitere Leben ungemein wichtigen Lernprozesse werden aber verhindert, wenn man alles nur unverarbeitet verdrängt. Man läuft dann Gefahr, immer wieder die gleichen oder ähnliche Fehler zu begehen und die gleichen negativen Erfahrungen zu erleben.

Von großer Bedeutung bei der Verarbeitung negativer Erfahrungen ist schließlich noch die »Trauerarbeit«. Darunter versteht man zunächst die Gefühle, die nach einem Todesfall oder einer Trennung von einem nahestehenden Menschen auftreten. Im weiteren Sinn gehört aber jede Gefühlsregung in bezug auf eine negative Lebenserfahrung dazu. Unterdrückung dieser Gefühle kann zu ernsten, bleibenden seelischen Störungen führen, die man oft überhaupt nicht mehr mit dem eigentlichen Anlaß in Beziehung bringt und deshalb auch nur schwer überwinden kann; vor allem tiefe Depressionen und Angstzustände drohen als Reaktionen.

► Deshalb gehört zur Verarbeitung negativer Lebenserfahrungen unbedingt, daß man Trauer, Enttäuschung, Schmerz und Zorn zeigt und abreagiert.

Die Art, wie Erfahrungen verarbeitet werden, steht in engem Zusammenhang zur Persönlichkeit, die wiederum durch solche Erfahrungen mitgeprägt wird. Auch die Erziehung und andere Milieueinflüsse in der Kindheit und Jugend spielen dabei eine wichtige Rolle, selbst wenn sie schon längst vergessen und verdrängt wurden. Deshalb gelingt es nicht immer, Erfahrungen aus eigener Kraft zu bewältigen. Dann kann eine psychotherapeutische Beratung oder Behandlung über längere Zeit angezeigt sein, die den Weg zum positiven Denken erst wieder öffnet.

Die Erfahrungen unseres Lebens sind unausweichlich und notwendig für die Reifung der Persönlichkeit. Deshalb muß man sie annehmen und bejahen, auch wenn sie nicht unseren Vorstellungen und Erwartungen entsprechen. Gerade aus schweren Lebenskrisen geht man oft gestärkt hervor und erkennt neue Möglichkeiten, die vorher von der Routine des Alltags verdeckt wurden. Das hängt ganz entscheidend von der richtigen Reaktion darauf ab.

► Wer rechtzeitig gelernt hat, in jeder Lebenslage positiv zu denken, wird sich von keiner negativen Lebenserfahrung auf Dauer verunsichern lassen. Deshalb wartet man mit dem Training des positiven Denkens besser nicht, bis man wirklich darauf angewiesen ist, sondern übt es schon vorher ein. Aber auch in schweren Krisen ist es nie zu spät, damit zu beginnen. Mancher braucht wohl erst den Leidensdruck einer solchen Situation als Motiv für eine Wandlung seiner Denkgewohnheiten.

Einstellungen und innere Haltungen

Menschen reagieren auf die gleiche Situation sehr unterschiedlich, das erlebt man im Alltag auf Schritt und Tritt. Das erklärt sich mit aus ihren individuellen inneren Einstellungen und Haltungen.

★

Als Einstellungen bezeichnet man eine bestimmte Art der Reaktionsbereitschaft oder Orientierung der Wahrnehmung eines Menschen beim Umgang mit Personen, Objekten, Werten und ähnlichem. Sie orientiert sich an Werten und wird mit von Gefühlen getragen, außerdem können Überzeugungen darin enthalten sein. Charakteristisch ist schließlich auch noch, daß sich die Einstellungen auf etwas beziehen, zu dem andere Menschen abweichende Meinungen vertreten. Zum Ausdruck kommen die Einstellungen vor allem im Verhalten und Handeln gegenüber dem, auf das sie sich beziehen.

Jeder Mensch verfügt über eine größere Anzahl individueller Einstellungen. Er kann sie je nach Bedarf in verschiedenen Lebenssituationen rasch wechseln. Die einzelnen Einstellungen erweisen sich meist als sehr beständig, eine Änderung ist aber unter bestimmten Umständen möglich.

Die Einstellungen erfüllen mehrere wichtige Aufgaben. Unter anderem tragen sie mit zur Selbstbestätigung und Rechtfertigung des Verhaltens bei, weisen Wege zur Verwirklichung von Zielen und zu angepaßtem Verhalten in neuen, ungewohnten Situationen. Außerdem vereinfachen sie Sachverhalte und Zusammenhänge und tragen dadurch zum besseren Verständnis der Welt bei.

Einstellungen entstehen teils durch Anlagen, teils durch Erziehung und andere Umwelteinflüsse. Ferner werden sie mit von weltanschaulichen, politischen und religiösen Überzeugungen geprägt. Meist sind sie in den tieferen Schichten der Persönlichkeit verankert und prägen das individuelle Erscheinungsbild des Charakters mit.

★

Auch die seelischen Haltungen eines Menschen kommen durch Anlagen, Erziehung und Umwelteinflüsse zustande und stehen mit den Einstellungen in Wechselbeziehung. Im Prinzip versteht man darunter Eigenschaften wie Charakterstärke und aufrechte Gesinnung eines Menschen, die in seinem Denken, Verhalten und Handeln zum Ausdruck kommt.

Die Einstellungen und Haltungen entziehen sich teilweise der bewußten Kontrolle und kritischen Prüfung durch Willen und Verstand. Deshalb können sie bei negativer Prägung unmerklich das Leben nachhaltig stören. Negative Einstellungen und Haltungen stehen in Zusammenhang mit ungünstigen Umwelteinflüssen – vor allem mit Erziehung und nicht richtig verarbeiteten Lebenserfahrungen – und negativem Denken.

Positive Veränderungen der Denkgewohnheiten wirken sich auch auf Einstellungen und Haltungen aus, verändern das Verhalten und Handeln positiv und tragen so mit zur Vermeidung negativer Lebenserfahrung bei. Das gelingt allerdings nicht von heute auf morgen, sondern setzt sich erst bei konsequentem Training des positiven Denkens nach längerer Zeit allmählich durch.

Erwartungen und Vorstellungen

Unsere Erwartungen beruhen auf früheren Erfahrungen und führen zur inneren Spannung. Diese beeinflußt dann das Denken, Verhalten und Handeln so, daß die Erwartungen tatsächlich in Erfüllung gehen können, selbst wenn das aus den Umständen nicht unbedingt absehbar war. Unter Umständen führen die negativen Erwartungen sogar zu ernsteren seelischen Krankheiten, die mit ausgeprägter Angst vor zukünftigen Ereignissen einhergehen, auch wenn dazu kein Anlaß besteht. Man spricht dann von einer Erwartungsneurose.

Negative Erwartungen können einen Teufelskreis in Gang setzen: Sie erfüllen sich zunächst selbst, werden dadurch bestätigt und verstärkt, erfüllen sich beim nächsten Mal noch deutlicher – es scheint daraus keinen Ausweg mehr zu geben. Das ganze Leben wird dadurch »vergiftet«.

▶ Durch konsequentes Training des positiven Denkens läßt sich dieser Teufelskreis oft noch durchbrechen. Allerdings schafft das nicht jeder aus eigener Kraft. Vor allem bei der Erwartungsneurose mit Angstzuständen kann das negative Denken schon derart stark eingeprägt sein, daß eine fachmännische Psychotherapie erforderlich wird. Je früher man mit der Einübung positiven Denkens beginnt, desto günstiger sind die Aussichten, die negativen Erwartungen selbständig »umzupolen«.

★

Als Vorstellungen bezeichnet man Inhalte des Bewußtseins, die nicht durch Wahrnehmungen der Sinnesorgane entstanden sind, sondern sich in uns selbst entwickeln. Sie setzen aber stets frühere Wahrnehmungen voraus. In der Phantasie werden diese Wahrnehmungselemente dann allerdings oft ganz anders zusammengefügt, als es den tatsächlichen früheren Wahrnehmungen entspricht.

Da wir über fünf wichtige Sinne verfügen, gibt es auch fünf mögliche Formen der Vorstellungen: optische, akustische, Empfindungs-, Geschmacks- und Geruchsvorstellungen. Eine Vorstellung kann auch aus mehreren dieser Sinnesmodalitäten zusammengesetzt sein. Nach ihrer Entstehung unterscheidet man zwei Gruppen von Vorstellungen:

① Erinnerungsvorstellungen, die auf den Inhalten des Gedächtnisses über früher tatsächlich erlebte Ereignisse, Personen und Objekte beruhen und auf neue Situationen übertragen werden; sie können negativ gefärbt sein, wenn die früheren Erfahrungen negativ verliefen und nicht richtig verarbeitet wurden.

② Phantasievorstellungen, die gleichzeitig aus den im Gedächtnis gespeicherten Elementen bestehen; im Gegensatz zu den Erinnerungsvorstellungen werden sie aber in völlig neuer Weise – also so, wie man es vorher tatsächlich nie erlebte – zusammengefügt; auch in der Phantasie kann man sich die Zukunft negativ vorstellen, das hängt ebenfalls von früheren Erfahrungen, aber auch mit von der augenblicklichen Situation und den Erwartungen ab.

Für Vorstellungen gilt ebenfalls, daß sie ähnlich wie Erwartungen einen Teufelskreis in Gang setzen können, aus dem man aus eigener Kraft nicht mehr entkommt. Auch davor kann das positive Denktraining bewahren.

FOLGEN DES NEGATIVEN DENKENS

Negatives Denken kann praktisch auf alle Lebensbereiche Einfluß nehmen und hat zum Teil schwerwiegende, anhaltende Folgen, die oft nicht mehr rückgängig zu machen sind. Viele Pläne und Hoffnungen, Absichten und Ziele eines Menschen scheitern daran, viele zwischenmenschliche Beziehungen werden dadurch zerstört.

Anstatt die Ursachen zu erkennen und gezielt dagegen vorzugehen, neigen viele Menschen aber zu falschen Reaktionen. Enttäuschungen und Versagenserlebnisse werden auf unglückliche äußere Umstände geschoben, mit persönlicher Minderwertigkeit, Unfähigkeit, eigener Schuld oder Schuld der anderen erklärt, soziale Probleme auf den bösen Willen der anderen oder – noch schlimmer – darauf zurückgeführt, daß man selbst nicht liebenswürdig, interessant und attraktiv genug für andere ist. Solche Reaktionen sind recht bequem, denn sie entheben die Betroffenen der Verpflichtung, etwas gegen die Ursachen zu unternehmen. Es ist auch einfacher, sich selbst anzuklagen oder sich von den anderen in den »Schmollwinkel« zurückzuziehen. Das verstärkt das negative Denken, führt zu sozialer Isolierung, Angstzuständen und Depressionen. Mancher sieht überhaupt keinen Ausweg mehr aus einer unerträglichen Situation und wählt den Freitod.

Mehr als viele Worte können praktische Beispiele veranschaulichen, was negatives Denken im Leben eines Menschen anrichten und zerstören kann. Zwei Fälle aus der Praxis sollen das jetzt verdeutlichen.

Fall 1:

Helmut F. kam in die Praxis, weil er unter erheblichen beruflichen, sozialen und gesundheitlichen Problemen litt. Wenn in seinem Leben nicht alles in den gewohnten Bahnen ablief, entwickelte er starke, kaum noch zu beherrschende Angstzustände. Es genügte schon, wenn ihn sein Chef zu einer Besprechung ins Büro rief oder ein Nachbar ihn versehentlich einmal nicht grüßte, um sofort die schwärzesten Vorstellungen bei ihm zu wecken: Der Chef wollte ihm bestimmt wegen eines Fehlers kündigen, der Nachbar konnte ihn nicht mehr leiden, weil er etwas Negatives über ihn erfahren hatte. Solche negativen Gedanken zerstörten Helmuts Leben allmählich, untergruben sein Selbstwertgefühl und jede Eigeninitiative, erzeugten Hemmungen und Minderwertigkeitsgefühle und ließen keine Lebensfreude mehr aufkommen.

Als Folge der inneren Spannungen traten bei dem Patienten bald auch psychosomatische Beschwerden auf. Sie betrafen vor allem das Herz und den Magen, zwei Organe, die auf psychische Störungen besonders sensibel reagieren können. Obwohl sein Arzt ihm nach eingehender Untersuchung versicherte, daß er kerngesund war, konnte er seine negativen Gedanken nicht beherrschen; vielmehr redete er sich ein, daß der Arzt sich bei der Untersuchung geirrt hatte oder ihm eine schreckliche Wahrheit nicht sagen wollte. Daraus entstand bald die Überzeugung, daß er unheilbar krank sei. Eigentlich kam er nur zu mir, um sich diese Befürchtung bestätigen zu lassen. An Heilung konnte er nicht mehr glauben, weil sich seine Symptome als Folge des negativen Denkens zunehmend verschlimmerten.

Zunächst versuchte ich, die Hintergründe des negativen Denkens zu erforschen. Das erwies sich als schwierig, weil Herr F. an seine Vergangenheit nur ungern erinnert werden wollte. Er war in kleinsten Verhältnissen aufgewachsen und hatte sich – entgegen der unvernünftigen negativen Prophezeiungen seiner Stiefeltern – mühsam zu einer geachteten Stellung emporgearbeitet. Darin lag die Hauptursache des negativen Denkens; er konnte es einfach nicht fassen, daß er es doch ziemlich weit gebracht hatte, und fürchtete ständig den »Absturz« aus dieser Höhe. Allmählich wurde es für ihn zur Gewißheit, daß irgendwann alles schiefgehen mußte – und damit begann der Teufelskreis der sich selbst erfüllenden und verstärkenden negativen Erwartungen und Vorstellungen, aus denen er aus eigener Kraft nicht mehr herausfand.

Mit der Einsicht in diese Zusammenhänge trat bei Helmut F. schlagartig eine innere Erleichterung und Entspannung ein. Nun war er in der Lage, sich selbst positiv zu beeinflussen. Er lernte das positive Denken und hatte seine Probleme nach einigen Monaten fest im Griff. Das begeisterte und motivierte ihn so stark zum Training, daß er zukünftig nie mehr darauf verzichten will. Deshalb bestehen für ihn gute Aussichten, von nun an von negativen Gedanken verschont zu bleiben.

Fall 2:

Zeit ihres Lebens hatte Anna M. hart gearbeitet und sich stets bemüht, mit ihren Kollegen und Vorgesetzten gut auszukommen. Sie war im Betrieb recht beliebt und wurde oft ausgenutzt, aber das störte die früh verwitwete Frau nicht weiter. Sie nahm das in Kauf als Preis für die sozialen Kontakte am Arbeitsplatz, denn im Privatleben war sie völlig vereinsamt.

In die Praxis kam sie wegen der Atembeschwerden, für die sich keine organischen Ursachen feststellen ließen. So lag der Verdacht nahe, daß eine seelische Störung dahinter stand.

Im Verlauf des Gesprächs stellte sich dann auch heraus, daß sich die Patientin vor ihrer bevorstehenden Pensionierung fürchtete. Sie wußte nicht, was sie danach anfangen sollte. Immer mehr verfestigte sich in ihr der negative Gedanke, daß sie den Tag ihrer Pensionierung nicht mehr erleben würde. Aber sie ließ sich doch auch noch die andere Möglichkeit offen und malte sich die Zeit nach der Pensionierung in den düstersten Farben aus.

Auch hier standen hinter den organischen Beschwerden also wieder negative Gedanken. Die Frau konnte sich ein Leben ohne Arbeit und ohne ihre Kollegen einfach nicht positiv vorstellen, weil sie stets die Augen vor der Pensionierung verschlossen hatte. Daran war auch ihr Chef nicht ganz unbeteiligt, denn er hatte ihr zunächst Hoffnungen auf eine Weiterbeschäftigung über die Pensionsgrenze hinaus gemacht, diese unverbindliche Zusage dann aber wieder zurückgezogen. Die Begründung dafür konnte Frau M. nicht überzeugen; deshalb kam bei ihr auch noch der negative Gedanke auf, daß man mit ihrer Arbeit nicht mehr zufrieden war.

Da die Pensionierung unmittelbar bevorstand, genügte die Zeit nicht mehr, um die Ursachen ihrer negativen Gedanken genauer zu ergründen. Die Pensionierung war ja nur der äußere Anlaß, die Wurzeln reichten viel weiter zurück, waren aber längst vergessen und verdrängt. Deshalb entschloß ich mich zu einer Therapie, die Verhaltenstraining mit positivem Denken verband.

Anfangs tat sich die Patientin damit sehr schwer, denn ihre Erwartungen und Vorstellungen waren schon tief in ihrer Persönlichkeit verwurzelt. Immerhin gelang es aber, sie ohne weitere Beschwerden über den Tag ihrer Pensionierung hinwegzubringen. Dadurch verlor ihre wichtigste negative Erwartung – der Tod vor der Pensionierung – seine Grundlage. Das wirkte sich indirekt auch auf die anderen negativen Gedanken günstig aus. Das Training des positiven Denkens gelang ihr von nun an zunehmend besser und die Verhaltenstherapie trug zusätzlich dazu bei, daß sie sich in ihrem neuen Leben einzurichten begann. Nach einiger Zeit erkannte sie die vielen Vorteile und Möglichkeiten, die sich ihr jetzt boten, und lernte auch, sie zu nützen.

Heute führt Frau M. ein aktives, erfülltes Leben und fühlt sich wohler als je zuvor. Sie hat sich einen kleinen Bekanntenkreis geschaffen und neue Aufgaben außerhalb ihres früheren Berufs gefunden, die sie mehr befriedigen. Wenn ihr früherer Chef ab und zu einmal bei ihr anfragt, ob sie nicht als Aushilfe einspringen könnte, findet sie dazu nie Zeit – ihr Tag ist ausgefüllt. Vom Sterben redet sie überhaupt nicht mehr, und ihre Atembeschwerden sind verschwunden. Voraussichtlich stehen ihr die schönsten, positivsten Jahre ihres Lebens nach dieser Wandlung jetzt erst bevor.

Diese beiden Fälle endeten jeweils glücklich, weil die Patienten noch rechtzeitig lernten, sich aus dem Gefängnis ihrer negativen Gedanken zu befreien. Ohne Hilfe hätten sie das allerdings kaum geschafft, sondern müßten wohl ihr ganzes weiteres Leben lang unter den Folgen des negativen Denkens leiden.

▶ Zögern Sie deshalb nicht, rechtzeitig fachmännische Hilfe in Anspruch zu nehmen, wenn Sie aus eigener Kraft nicht mehr aus den negativen Gedanken herausfinden.

Positives Denken – Die große Wende im Leben

– Grundlagen neuer Denkgewohnheiten –

In den vorangegangenen Kapiteln untersuchten wir, wie negatives Denken entsteht und welche Folgen davon zu erwarten sind. Wenn negative Gedanken uns derart stark beeinflussen, kann man umgekehrt natürlich die gleiche starke Wirkung auch von den positiven Gedanken erwarten. Wer sich also dazu durchringt, mit seinen negativen Denkgewohnheiten endgültig zu brechen, erlebt danach oft eine entscheidende Wende seines Lebens zum Guten. Viele Probleme und Konflikte, die vorher unlösbar erschienen, verlieren ihre Bedeutung oder lösen sich in Luft auf, viele Ängste und Depressionen fallen in sich zusammen wie ein Kartenhaus.

Um positives Denken zu erlernen, müssen einige wichtige Grundvoraussetzungen geschaffen werden. Darauf baut man dann das eigentliche Training und die gezielte positive Selbstbeeinflussung auf. Mit diesen einfachen, aber unentbehrlichen Grundlagen wollen wir uns jetzt befassen. Prüfen Sie selbst, welche dieser Voraussetzungen bei Ihnen noch geschaffen werden müssen – das gehört bereits mit zur praktischen Übung.

ALLES HAT ZWEI SEITEN

Es klingt wie eine billige Binsenwahrheit, wenn wir an den Anfang die volkstümliche Spruchweisheit stellen, daß alles im Leben zwei Seiten hat – eine positive und eine negative. Das Problem besteht darin, daß man häufig nur die eine wahrnimmt, weil sie im Vordergrund steht und die Folgen unmittelbar verspürt werden, während die andere vielleicht erst nach längerer Zeit erkennbar wird. Das kann soweit gehen, daß sich eine zunächst positive Erfahrung später als zweischneidiges Schwert erweist, während eine vermeintlich negative später ihre guten Seiten zeigt.

▶ Das positive Denken beginnt mit der Einsicht, daß nichts wirklich nur negativ ist, sondern daß man praktisch allem auch noch einige positive Seiten abgewinnen kann. Das fällt sehr schwer, wenn man vielleicht gerade von einem Schicksalsschlag getroffen wurde und keinen Ausweg mehr erkennt, läßt sich aber einüben und wirkt dann auch in schwersten Zeiten.

Unterstützen kann man diese positive Grundeinsicht, indem man alle Erfahrungen des Lebens sinnvoll verarbeitet, nicht verdrängt. Dazu gehört, daß man sie unter verschiedenen Aspekten betrachtet, die möglichen Folgen überdenkt und Strategien entwickelt, um das Schlimmste abzuwenden.

Aber auch wenn man zunächst überhaupt nichts Positives an der Situation zu erkennen glaubt, besteht noch immer kein Anlaß zu negativen Gedanken. In jedem Fall lernt man aus einer richtig verarbeiteten Erfahrung für die Zukunft – und dieser positive Aspekt sollte niemals gering eingeschätzt werden. Kein Mensch ist unfehlbar und deshalb auch nie vor negativen Erfahrungen sicher. Nur durch das Lernen aus den Fehlern und ihren Folgen kann er sich allmählich weiterentwickeln und reifen.

Abgesehen davon hängt es oft auch entscheidend mit von den Reaktionen auf eine Erfahrung ab, ob sie sich als durchweg negativ erweist oder doch noch ihre positiven Seiten offenbart. Wenn man von Anfang an davon ausgeht, daß eine Erfahrung ausschließlich negativ ist, dann wird man darauf auch entsprechend negativ reagieren und muß mit dem Schlimmsten rechnen.

▶ Wer positiv denkt, selbst wenn er zunächst nichts Positives zu erkennen vermag, aktiviert dadurch alle Kräfte und Energien und schafft es schließlich häufig doch noch, eine Wendung zum Besseren zu erreichen.

Alles hat zwei Seiten – diese schlichte Volksweisheit kann entscheidend zum positiven Denken und zur erfolgreichen Lebensbewältigung beitragen. Deshalb sollte man diese neue Betrachtungsweise konsequent so lange trainieren, bis sie zu den selbstverständlichen Gewohnheiten gehört.

Oft kommt es anders, als man denkt

Wenn sich alle negativen Erwartungen und Vorstellungen, die Menschen entwickeln, tatsächlich erfüllten, gäbe es wohl kaum noch jemanden, der seines Lebens froh würde. Aber obwohl wir im Alltag doch immer wieder erfahren, daß nichts »so heiß gegessen wie gekocht wird« und es oft ganz anders kommt, als man ursprünglich dachte, brechen solche negativen Gedanken wider besseres Wissen bei vielen Menschen doch immer wieder durch. Sie machen sich dadurch das ganze Leben unnötig schwer.

Das allein wäre schon schlimm genug. Es kann aber noch viel schlimmer kommen. Wie weiter vorne beschrieben, neigen die Erwartungen und Vorstellungen nämlich dazu, sich selbst zu verwirklichen. Auch wenn es auch dann nur selten wirklich so »dick« kommt, wie Menschen es sich in ihren schwärzesten Phantasien ausmalen, richten die negativen Erwartungen und Vorstellungen doch viel unnötigen Schaden an.

Selbst in Situationen, in denen eigentlich die günstigsten Voraussetzungen für das Gelingen vorlagen, programmieren sie das Verhalten und Handeln zum Teil noch so negativ, daß man zumindest kein optimales Ergebnis erreichen kann. Man spricht dann oft entschuldigend vom persönlichen Pech, aber das gehört in solchen Fällen schon fast zum »magischen«Denken, das okkulte Kräfte bemüht, wo in Wirklichkeit nur falsche Gedanken die Ursachen waren.

Die Einsicht, daß nichts so schlimm kommt, wie man es sich im Geist ausmalen kann, wenn man rechtzeitig Strategien dagegen entwickelt, trägt entscheidend mit zu der großen Wende des Lebens durch positives Denken bei.

Sie bewahrt vor übertriebenen pessimistischen Erwartungen und Vorstellungen, die unbemerkt wie ein schleichendes Gift das gesamte Leben zerstören können.

Auch das klingt wieder einfacher, als es in Wirklichkeit ist. Es erfordert viel Zeit und Geduld, um soweit zu kommen.

Aber wenn man erst einmal gelernt hat, mit positiven Erwartungen in die Zukunft zu blicken, sie sich optimistisch vorzustellen, kann man damit das gesamte weitere Leben positiv vorprogrammieren.

Besonders hilfreich ist es oft, wenn man sich eine Liste anlegt, die in drei Spalten eingeteilt wird. In der ersten Spalte trägt man alle wichtigen Ereignisse des folgenden Tages oder der nächsten Woche ein, in der zweiten alle damit verbundenen negativen Erwartungen und Vorstellungen und in der dritten versucht man, den negativen Inhalten die bewußt gesuchten positiven gegenüberzustellen, damit sie sich als Gegengewicht einprägen.

Wichtige Ereignisse	Negative Erwartungen und Vorstellungen	Positive Erwartungen und Vorstellungen
. . . .	. . . .	. . . .
. . . .	. . . .	. . . .
. . . .	. . . .	. . . .
. . . .	. . . .	. . . .
. . . .	. . . .	. . . .

Am nächsten Tag oder am Ende der Woche, wenn alles überstanden ist, zieht man dann eine Bilanz, indem man sich vergegenwärtigt, welche Erwartungen und Vorstellungen tatsächlich eingetreten sind. Anfangs kann es vorkommen, daß doch noch das Negative überwiegt. Dann analysiert man genau, wie es dazu kam, um daraus zu lernen. Im Lauf der Zeit zeigt sich aber erfahrungsgemäß, daß immer häufiger die positiven Ereignisse der Spalte drei in Erfüllung gingen. Das motiviert und ermutigt dann stark, zukünftig nur noch positiv zu denken. Die Eintragungen in der zweiten Spalte mit den negativen Gedanken werden immer weniger, bis es schließlich schwerfällt, hierzu überhaupt noch negative Erwartungen und Vorstellungen zu entwickeln. Wenn man soweit fortgeschritten ist, kann man den Zeitraum für diese Übersicht weiter ausdehnen – zunächst auf einen Monat, dann auf ein Vierteljahr, damit die Ergebnisse noch überschaubar bleiben, nach einiger Übung dann auf ein Jahr, einen noch längeren Lebensabschnitt und schließlich auf das gesamte weitere Leben. Gerade die positive Lebensplanung über einen langen Zeitraum hinweg spielt für Lebensfreude, Lebensglück und Selbstverwirklichung eine unschätzbare Rolle.

Zweistufiges Denken – der Weg zum positiven Denken

Wie weiter vorne schon erklärt wurde, gibt es zwei Grundformen des Denkens. Das aktive Denken kommt bewußt durch den Willen zustande, während passives Denken unbewußt und unwillkürlich abläuft, sich also der Kontrolle durch Verstand und Willen entzieht.

Für das Training des positiven Denkens spielt das passive Denken eine entscheidende Rolle, weil seine Inhalte den Weg ins Unbewußte finden, zu dem wir normalerweise keinen Zugang finden. Sie werden dort eingeprägt und verwirklichen sich nach einiger Übung automatisch im Alltag, ohne daß man sich vorher noch darauf besinnen müßte.

Zur Einprägung passiver Gedanken muß vorher aber erst das Unbewußte »geöffnet« werden, sonst wirken sie nicht zufriedenstellend. Das erreicht man durch verschiedene Entspannungstechniken, denn während der Entspannung wird das Unbewußte aufnahmefähiger für Gedanken.

Allein durch passives Denken kann man sich aber noch nicht selbst beeinflussen. Nur die Hypnose, die vom Therapeuten durchgeführt wird, arbeitet vorwiegend mit passiven Gedanken. Aber auch dazu muß am Anfang ein aktiver Denkakt stehen, der dazu führt, daß man sich überhaupt einer derartigen Behandlung unterzieht.

▶ Die positive Selbstbeeinflussung erfordert immer das zweistufige, aus aktiven und passiven Inhalten zusammengesetzte Denken. Zunächst muß aktiv – zum Beispiel durch die Lektüre dieses Buchs – erkannt werden, daß man sich selbst positiv beeinflussen kann und soll. Durch mehrere weitere aktive Denkakte entschließt man sich dann für eine der möglichen Techniken und setzt sich die Ziele, die damit leichter verwirklicht werden sollen. Erst nach dieser Vorbereitung beginnt dann der vorwiegend passive Prozeß der Selbstbeeinflussung.

Anfangs wird auch beim passiven Training immer noch das aktive Denken mitwirken. Aber je besser man die Entspannungstechnik beherrscht, desto mehr überwiegt das passive Denken. Vollständig läßt sich aktives Denken beim Training aber wohl nie ausschalten, zumindest nicht bei Menschen des europäischen Kulturkreises. Die indischen Yogis erreichen durch lebenslange Meditationsübungen, die Tage bis Wochen dauern können, wahrscheinlich eine völlige

Loslösung vom aktiven Denken. Für das Erlernen des positiven Denkens ist das aber nicht erforderlich. Es besteht sogar die Gefahr, daß man aus der nur durch aktives Denken zu bewältigenden Realität flieht und schließlich lebensuntüchtig wird. Genau das darf aber nicht Ziel des positiven Denkens sein. Es soll uns vielmehr befähigen, die Realität leichter und sinnvoller zu bewältigen.

Die Macht der Erwartungen und Vorstellungen

Vorstellungen und Erwartungen (vgl. auch S. 30 f.) spielen nicht nur im Alltag ganz selbstverständlich und oft unbemerkt eine wichtige Rolle, sondern sind auch für das positive Gedankentraining von entscheidender Bedeutung. Die Fähigkeit, solche Erwartungen und Vorstellungen bewußt zu bilden und ins Unbewußte einzuprägen, gehört zu den unverzichtbaren Grundlagen der positiven Selbstbeeinflussung.

Von der Macht ihrer Vorstellungen und Erwartungen ahnen die meisten Menschen überhaupt nichts. Ihnen wird nicht richtig bewußt, daß solche Inhalte ihr Leben bestimmen. Deshalb können sie auch keinen gezielten Einfluß darauf nehmen. In der medizinischen und psychologischen Fachliteratur gibt es genügend praktische, gut dokumentierte Beispiele für die erstaunliche Wirkung der Erwartungen und Vorstellungen. Sie veranschaulichen mehr als viele Worte, daß sie einen Menschen schwer krankmachen und sogar umbringen, bei positiver Färbung aber sogar lebensbedrohliche Krankheiten überwinden können.

Wir wollen einige dieser Fälle als Beispiele herausgreifen. Wohlgemerkt, dabei handelt es sich nicht um vage Beobachtungen von Laien, sondern um wissenschaftlich exakte Fallbeschreibungen von Fachleuten, die heute allerdings noch nicht genau erklärt werden können.

Fall 3:

Ein junger Mann, der wegen eines geringfügigen Vergehens eine kurze Haftstrafe verbüßt hatte, brach nach der Entlassung auf dem Heimweg bewußtlos zusammen. In der Klinik stellte man einen extrem hohen Blutzuckerspiegel fest. Er konnte trotz sofortiger Behandlung nicht mehr reguliert werden, der junge Mann starb kurz darauf im Koma.

Bei der Obduktion stellten die Ärzte erstaunt fest, daß seine Bauchspeicheldrüse, die durch Produktion des Hormons Insulin für die Regulierung des Blutzuckerspiegels sorgt, vollkommen intakt war. Man fand für den Tod keine andere Erklärung als seelische Ursachen; der bedauernswerte junge Mann war ein Opfer seiner Scham geworden, weil er es nicht ertragen konnte, mit dem sozialen Makel der Haft nach Hause zurückzukehren. Seine negativen Erwartungen und Vorstellungen, die er damit verband, brachten ihn um.

Fall 4:

In einer Klinik lag ein hoffnungslos krebskranker Mann, den die Ärzte bereits aufgegeben hatten. Deshalb hielt sich der Chefarzt bei der Visite auch nicht lange an seinem Krankenbett auf; er bemerkte nur zu den anderen Ärzten »moribund« und ging weiter.

Zum Glück verstand der Betroffene diesen medizinischen Fachausdruck (*moribund* bedeutet sterbend) nicht, sondern zog aus dem Verhalten der Ärzte die falschen Rückschlüsse. »Wenn der Herr Professor sich nicht mehr persönlich um mich bemüht, dann bin ich sicher auf dem Weg der Besserung«, überlegte er sich. Und genauso, wie er es sich fälschlicherweise ausdachte, trat es dann auch ein: Innerhalb kurzer Zeit wurde der todkranke Mann vollkommen gesund.

Auch in diesem Fall stehen die Fachleute vor einem medizinischen Rätsel. Nach aller ärztlicher Erfahrung war vorauszusehen, daß der Patient innerhalb kürzester Zeit an Krebs sterben würde. Es gibt wieder nur eine Erklärung für seine Spontanheilung – die Macht seiner positiven Vorstellungen und Erwartungen, die in ihm alle Selbstheilungskräfte aktivierten.

Fall 5:

Von einem ähnlichen Fall berichtet der Schweizer Psychiater CHARLES BAUDOUIN in der Fachliteratur. Eine Frau litt an unheilbarem Kehlkopfkrebs, ihre Lebenserwartung betrug nach aller Erfahrung höchstens noch drei Monate. Trotz dieser ungünstigen Prognose stellte der Facharzt bei einer Nachuntersuchung aber erstaunt fest, daß sich der Krebstumor erheblich verkleinert hatte. Auf Befragen gab die Patientin an, daß sie eine seelische Heilmethode anwendete. Ihr Therapeut bestärkte sie noch darin, und die Besserung schritt weiter fort.

Nach einiger Zeit kam es dann aber plötzlich wieder zur Verschlechterung. Die Frau hatte ihren Wohnsitz gewechselt und war durch neue Bekannte im Glauben an ihre seelische Heilmethode zutiefst verunsichert worden. Die positiven Gedanken brachen in sich zusammen, die Krankheit verschlimmerte sich rapide.

Ihr Arzt empfahl ihr, nochmals umzuziehen und zukünftig mit keinem Außenstehenden mehr über ihre Krankheit zu sprechen. Danach konnte die positive Selbstbeeinflussung wieder wirken.

Die Frau, der man nach aller medizinischen Erfahrung allenfalls noch eine Lebensdauer von drei Monaten geben konnte, führte noch einige Jahre lang ein beschwerdefreies, erfülltes Leben.

So unwahrscheinlich vor allem die Fälle 4 und 5 auch klingen mögen, es gibt daran doch keinen Zweifel. Bestätigt wird das durch eine Studie englischer Ärzte, die 1974 begann und zehn Jahre später abgeschlossen wurde. Kürzlich berichtete darüber sogar die angesehene Ärztefachzeitschrift SELECTA. An dieser naturwissenschaftlich und statistisch exakt durchgeführten Untersuchung nahmen Frauen teil, die an Brustkrebs operiert worden waren. Drei Monate nach der Operation ermittelten Psychologen ihre geistig-seelischen Einstellungen, Erwartungen und Vorstellungen von der Krankheit.

Dabei unterschieden sie zwei große Gruppen:

① Gruppe I fühlte sich hilflos der Krankheit ausgeliefert, resignierte und hatte keine Hoffnung und keinen Lebensmut mehr; die Patientinnen dieser Gruppe verschlossen oft sogar die Augen vor der Krankheit und verdrängten jeden Gedanken daran.

② Gruppe II dagegen reagierte »kämpferisch« auf die Krankheit, nahm sie bewußt an, wehrte sich mit allen Kräften dagegen und glaubte an die Zukunft, entwickelte also positive Erwartungen und Vorstellungen.

Nach allem, was wir bisher schon über die Macht der Vorstellungen und Erwartungen gehört haben, wundert es nicht weiter, daß die Frauen der »kämpferischen« Gruppe II eine deutlich bessere Heilungs- und Überlebensquote aufwiesen. Nach zehn Jahren lebten von ihnen noch 55% ohne Rückfall. Von der negativ reagierenden Gruppe I dagegen erlitten in dieser Zeit 78% einen Rückfall und waren daran gestorben. Die Autoren der Untersuchung betonen dazu noch ausdrücklich, daß Tumorgröße, Alter der Patientinnen und unterschiedliche chirurgische Behandlungsmethoden bei diesem Ergebnis keine Rolle spielten.

Fall 6:
Zum Schluß nochmals ein Fall, der die Folgen des negativen Denkens drastisch verdeutlicht; wir verdanken ihn den Aufzeichnungen des bekannten Psychiaters E. WIESENHÜTTER.

Ein Elektromonteur arbeitete an einer Hochspannungs-Überlandleitung. Dabei berührte er versehentlich ein anderes Kabel und stürzte sofort tot zu Boden. Das erscheint zunächst nicht verwunderlich, denn die extrem hohe Stromspannung in einer Freilandleitung überlebt kein Mensch. Die Rekonstruktion des Unfalles ergab jedoch, daß auch in dem berührten Kabel der Strom abgeschaltet worden war. Der Monteur konnte das allerdings nicht wissen. Er wurde also eindeutig das Opfer seiner negativen Vorstellungen, die ihn schlagartig töteten – ganz genau so, wie er es erwartet hatte.

▶ Wenn Erwartungen und Vorstellungen lebensgefährliche Krankheiten überwinden oder zum sofortigen Tod führen können, also in extremen Situationen ihre Macht beweisen, wieviel mehr Hilfe können wir dann von positiven Gedanken in den einfacheren Situationen des alltäglichen Lebens erwarten. Die Mühe, die mit dem täglichen Training des positiven Denkens verbunden ist, erscheint gering im Vergleich zu dem, was man damit alles erreichen kann. Niemand sollte sich einreden (oder einreden lassen), er sei dazu nicht fähig, niemand sollte sich selbst belügen, daß es ihm dazu an Zeit mangele. Solche Gedanken sind bereits negativ und beweisen nur, wie dringend man das positive Denken benötigt.

Wie »funktioniert« positives Denken?

– Praktische Anleitung zum Training –

Es gibt optimistische Naturtalente, die es ohne besondere Anleitung und Techniken schaffen, im Alltag stets positiv zu denken. Aber das bleiben die Ausnahmen, in der Regel muß man das positive Denken erlernen und möglichst lebenslang trainieren, um negative Gedanken fernzuhalten.

Das positive Denktraining besteht im Prinzip aus Entspannungsübungen, die das Unbewußte für die positiven Gedanken öffnen, und den individuell formulierten positiven Vorstellungen, die man sich so lange einprägt, bis sie im Alltag in Erfüllung gehen. Außerdem gibt es noch eine Sonderform des positiven Denkens, das mentale Training.

AM ANFANG STEHT DIE ENTSPANNUNG

Entspannung ist eigentlich die natürlichste Sache der Welt, die jeder Mensch beherrscht. Die Fähigkeit dazu kann allerdings über dem Streß und der Hektik des Alltags häufig schon in jungen Jahren verlorengehen und muß dann erst wieder erlernt werden. Dazu gibt es verschiedene Techniken, unter denen man je nach individueller Vorliebe die auswählen sollte, die am meisten gefällt.

▶ Besonders gut eignen sich die systematisch aufgebauten Techniken, die das Lernen erleichtern, wie autogenes Training und Selbsthypnose. Aber auch die einfachen Entspannungsmethoden können im Einzelfall gut wirken. Wer merkt, daß er damit keine tiefe Entspannung erreicht, sollte aber auf eine der speziellen Techniken umsteigen.

Für Menschen, denen es schwerfällt, sich selbst in tiefe Entspannung zu versetzen, stehen verschiedene Hilfsmittel zur Verfügung. In der eigenen Praxis werden zum Training spezielle Tonkassetten mit entspannenden Suggestionen eingesetzt. Als neuestes Hilfsmittel gibt es den »Hypnomaster«, ein handliches, batteriebetriebenes elektronisches Gerät, das durch kombinierte Ton- und Lichtreize selbst bei erheblichen Trainingsproblemen allmählich in tiefe Entspannung überführen kann.*

Schließlich bleibt natürlich auch noch das Training im Einzel- oder Gruppenkurs unter fachmännischer Anleitung, zum Beispiel an der Volkshochschule oder beim Therapeuten.

Die tiefe Entspannung gehört zwar nicht unbedingt zum positiven Denken, denn im Einzelfall können die Gedanken auch ohne diese Vorbereitung den Weg ins Unbewußte finden. Für die meisten Menschen bildet die Entspannung aber die unentbehrliche Voraussetzung für die baldige und gute Wirkung der positiven Gedanken. Da man im voraus kaum beurteilen kann, ob es auch ohne Entspannung geht, empfiehlt es sich grundsätzlich immer, das positive Denktraining mit einer der nachstehend beschriebenen Entspannungstechniken zu unterstützen.

Einfache Entspannungstechniken

Körper, Geist und Seelenleben bilden eine Einheit und stehen in Wechselbeziehung miteinander. Deshalb wirkt sich die bloße körperliche Entspannung unweigerlich automatisch auch auf Geist und Psyche aus, führt also auch zur »Öffnung« des Unbewußten für die positiven Gedanken.

Die einfachen Entspannungsmethoden folgen keinem bestimmten vorgegebenen Schema. Darin besteht ihre Stärke, denn sie können individuell angepaßt werden, aber auch ihre Schwäche, weil sich beim Üben leicht Fehler einschleichen, die den Erfolg in Frage stellen. Ob man deshalb von vornherein eine systematisch aufgebaute Technik vorzieht oder zunächst einmal eine der einfachen Techniken ausprobiert, kann man nur selbst entscheiden. Wenn sich nicht bald eine spürbare Entspannung einstellt, empfiehlt es sich meist, auf ein systematisch aufgebautes Training umzusteigen.

▶ Am Anfang des Entspannungstrainings steht die Schaffung günstiger äußerer Voraussetzungen. Zum Üben wählt man stets den ruhigsten Raum der Wohnung (in der Regel wohl das Schlafzim-

---

* Weitere Informationen zu Tonkassetten und dem »Hypnomaster« erhalten Sie gegen frankierten Rückumschlag bei G. Leibold, Postfach 210 737, D-7500 Karlsruhe 21.

mer) aus und stellt möglichst alle Geräuschquellen – wie Telefon und Türglocke – ab. Am Tag wird der Übungsraum durch Vorhänge oder Jalousien leicht abgedunkelt, wenn es draußen dunkel ist, sorgt man durch angenehme, indirekte Beleuchtung für eine entspannende Atmosphäre. Die Temperatur darf nicht zu niedrig, aber auch nicht zu hoch liegen; in der Regel fühlt man sich bei 21–22° am wohlsten.

▶ Geübt wird entweder auf dem Bett oder auf einer nicht zu weichen Unterlage (Gymnastikmatte) am Boden. Ehe man sich darauf niederlegt, zieht man die Schuhe aus, öffnet Hemdkragen, Krawatte, Hosen-, Rockbund, Gürtel, Büstenhalter, Mieder und andere beengende Kleidungsstücke, die beim Üben stören können. Am besten trainiert man in einem leichten, bequemen Haus- oder Trainingsanzug.

▶ Anfänger entspannen sich am besten in flacher Rückenlage. Der Kopf ruht nicht zu hoch auf einem kleinen Kissen, die Arme liegen leicht angewinkelt seitlich vom Körper, die Handflächen nach unten gekehrt auf dem Polster, die Beine werden leicht gespreizt und die Fußspitzen fallen locker nach außen.

In dieser Grundhaltung können sich im Einzelfall unangenehme Verspannungen der Muskulatur einstellen, die besonders am Nacken, im Rücken und in den Beinen auftreten. Sie erklären sich aus Veränderungen am Skelett und an der Wirbelsäule (vor allem Hohlkreuz), wie sie bei den meisten Menschen im Lauf des Lebens mehr oder minder stark ausgeprägt auftreten. Meist lassen sich diese Beschwerden vermeiden, indem man die schmerzenden, verspannten Körperpartien durch Decken, kleine Kissen, Nacken- und Knierollen unterpolstert. Bestehen die Beschwerden dann immer noch fort, muß der Fachmann die Ursachen ermitteln und gezielt behandeln.

Damit sind die Grundvoraussetzungen zur Entspannung geschaffen. Manchmal hilft es, unmittelbar vor dem Training ein warmes Bad durchzuführen, dem man beruhigende Heilpflanzenextrakte (wie Baldrian, Melisse) zusetzen kann. Das fördert die Entspannung auf natürliche Weise. Allerdings darf man nicht jeden Tag – schon gar nicht vor jeder der zwei bis drei täglichen Übungen – ein Bad anwenden, das schadet unter Umständen der Haut erheblich. Wer unter Herz-Kreislauf-Beschwerden leidet, muß unbedingt den Therapeuten befragen, ob er überhaupt warme Vollbäder durchführen darf, um unerwünschte Nebenwirkungen zu vermeiden.

Vorherige Rücksprache mit dem Fachmann empfiehlt sich auch dann, wenn organische Erkrankungen der Atmungsorgane bestehen, weil sich beim Training die Atmung verändert. Das kann zwar sogar bei derartigen Erkrankungen gut helfen, unter Umständen müssen aber bestimmte Vorsichtsmaßnahmen beachtet werden.

Die Entspannung des Körpers, die sich bei konsequentem Training bald auf den seelisch-geistigen Bereich ausdehnt, kann auf verschiedene Weise eingeleitet werden. Hier muß jeder durch Versuche selbst lernen, wie er sich am besten entspannen kann. Wenig sinnvoll ist es, wenn man sich einfach hinlegt und vornimmt: »Jetzt entspanne ich mich!« Das kann manchmal helfen, oft erzielt man dadurch aber sogar den gegenteiligen Effekt. Indem man sich die Entspannung vornimmt, räumt man ja ausdrücklich ein, daß man im Augenblick noch verspannt ist – eine negative Vorstellung, die sich bei den meisten Menschen nicht bewährt.

▶ Statt dessen versucht man besser, die Entspannung indirekt herbeizuführen, indem man das Wort »Entspannung« überhaupt nicht beim Üben gebraucht, sondern sich die mit Entspannung einhergehenden körperlichen Veränderungen vorstellt. Aus zahlreichen Untersuchungen wissen wir, daß Schwere- und Wärmegefühl im Körper mit der Entspannung verbunden sind. Indem man sich diese beiden Zustände nacheinander vorstellt, erreicht man eine gute Entspannung.

Wir wollen jetzt an einem Beispiel veranschaulichen, wie man diese Vorstellungen positiv bildhaft formulieren kann. Sie müssen sich aber nicht genau an dieses Beispiel halten, sondern können sinngemäß Ihre individuellen Vorstellungen ausarbeiten. Am besten erproben Sie mehrere Vorstellungen, bis Sie schließlich die gefunden haben, die am schnellsten und besten wirkt. Diese behalten Sie dann dauernd bei. Entsprechend dem Trainingsfortschritt kann sie nach einiger Zeit auf eine Kurzformel reduziert werden, die Zeit sparen hilft.

Vorstellung der Schwere:

»Ich atme jetzt einmal tief durch. – *Kurze Pause* –

Mit diesem tiefen Atemzug spüre ich, wie eine angenehme Schwere meinen ganzen Körper durchzieht. Sie beginnt in den Füßen und dehnt sich langsam in die Beine aufwärts über die Knie hinaus in die Oberschenkel bis zu den Hüften aus. – *Kurze Pause* –

Nun fühle ich die wohltuende Schwere auch in meinem Gesäß. Sie dehnt sich von hier aus aufwärts in den gesamten Rücken aus. Gesäß und Rücken sind nun angenehm schwer und ruhen fest auf dem Polster. Ich spüre das Polster angenehm deutlich im Rücken und Gesäß und fühle mich sehr wohl. – *Kurze Pause* –

Jetzt erfaßt die wohltuende Schwere auch noch meinen Nacken und Hinterkopf. Sie ruhen schwer auf den weichen Polstern, und ich fühle mich sehr wohl. – *Kurze Pause* –

Mein ganzer Körper ist nun von den Füßen bis hinauf in Schultern und Nacken wohltuend schwer. Aus den Schultern dehnt sich die Schwere nun in beide Arme bis hinab in die Fingerspitzen aus. Die Arme und Handflächen ruhen schwer auf dem Polster. – *Kurze Pause* –

Jetzt ist mein ganzer Körper schwer, sehr, sehr schwer, schwer wie Blei, und darüber schwebt leicht und frei mein Kopf. Es ist ein Gefühl, als ob mein schwerer, weicher Körper langsam tiefer, immer tiefer und tiefer in den weichen Polstern versinkt, wo ich mich ganz wohl und geborgen fühle.«

Am besten üben Sie zunächst nur einige Tage lang die Schwere, bis sie sich deutlicher einstellt. Danach können Sie nach der eben beschriebenen Schwereübung mit der nachstehenden Wärmeübung beginnen. Wahrscheinlich wird sich die Wärme schneller als die Schwere einstellen, weil der Körper jetzt bereits daran gewöhnt ist, auf Vorstellungen entsprechend zu reagieren. Vielleicht tritt die Wärme auch schon mit der Schwere ein; auch dann sollten Sie die Wärmevorstellung aber noch durchführen, um das Gefühl zu verstärken.

Vorstellung der Wärme *(im Anschluß an die obige Schwereübung):*

»In meinem wohltuend bleiern schweren Körper spüre ich nun eine angenehme Welle der Wärme. Sie geht von meinen Füßen aus und dehnt sich langsam strömend durch die Beine hinauf zu den Hüften und in meinem Leib aus. – *Kurze Pause* –

Ich fühle die wohlige Wärme nun ganz deutlich in meinem Leib. Es ist ein Gefühl, als ob die Sonne von hoch oben mit milden Strahlen auf meinen Leib scheint und ihn wohlig erwärmt. – *Kurze Pause* –

> Aus meinem Leib dehnt sich die Wärme nun angenehm strömend in meine Brust bis in Hals und Schultern aus und strömt von den Hüften aufwärts durch das Gesäß den Rücken entlang bis in den Nacken empor. – *Kurze Pause* –
>
> Nun ist mein ganzer Körper von den Füßen bis hinauf in Schultern, Hals und Nacken wohlig strömend warm. Von den Schultern dehnt sich die Wärme in beide Arme hinab bis in die Fingerspitzen aus. – *Kurze Pause* –
>
> Jetzt ist mein ganzer bleiern schwerer Körper von den Fußspitzen bis in Schultern, Hals und Nacken und bis hinab in die Fingerspitzen wohlig strömend warm. Darüber schwebt leicht und mit einem Anflug von Kühle auf der Stirn mein Kopf.«

Wenn auch das Wärmegefühl sich deutlich einstellt, wird sich in der Regel durch konsequentes Training Tag für Tag zwei- bis dreimal bald eine tiefe, Körper, Geist und Seele erfassende Entspannung einstellen. Dann kann man beginnen, sich positiv formulierte Gedanken ins Unbewußte einzuprägen (darauf kommen wir später noch ausführlich zurück, vgl. S. 77 f.).

Im Lauf der Zeit stellen sich Schwere, Wärme und Entspannung immer schneller und deutlicher ein. Dann kann man die Übung abkürzen, um mehr Zeit für die positiven Gedanken zu finden. Die abgekürzte Vorstellung kann beispielsweise wie folgt formuliert werden:

> Einmal tief atmen. – *Kurze Pause* –
>
> »Mein ganzer Körper wird von den Füßen bis in Schultern, Nacken und Fingerspitzen wohltuend bleiern schwer. – *Kurze Pause* –
>
> Ich sinke langsam und schwer tiefer, immer tiefer und tiefer in die weichen Polster und fühle mich darin sehr wohl und geborgen. – *Kurze Pause* –
>
> Wohlige Wärme durchströmt meinen bleiern schweren Körper von den Füßen bis in Schultern, Nacken und Fingerspitzen. – *Kurze Pause* –
>
> Über meinem wohltuend bleiern schweren, wohlig strömend warmen Körper schwebt leicht mit einem Anflug von Kühle auf der Stirn mein Kopf.«

Diese Kurzformel, die man sich in ungefähr einer Minute vorstellen kann, führt beim Geübten zur vollständigen Entspannung. Sie kann jetzt nicht mehr nur im gewohnten Übungsraum in Rückenlage, sondern praktisch überall unauffällig in jeder Körperhaltung herbeigeführt werden.

Die positive Selbstbeeinflussung schließt sich an die durch die Kurzformel erreichte Entspannung an.

▶ Besonders wichtig ist es noch, nach jeder Übung die Trainingszustände wieder zurückzunehmen. Der Alltag erfordert von uns ja keine Entspannung, sondern Anspannung zur Lösung der anstehenden Aufgaben. Wenn man die Zurücknahme versäumt, drohen zwar keine ernsten Nebenwirkungen, aber es können sich doch stundenlang unangenehme Mißempfindungen in den Gliedern einstellen, wie Taubheit und Kribbeln. Nicht erforderlich ist die Zurücknahme, wenn man plötzlich aus der Entspannung gerissen wird (Türglocke, Telefon – aber die sollte man ja möglichst abstellen) oder beim Training einschläft.

▶ Die Zurücknahme erfolgt, indem man die Arme kräftig beugt und streckt, einmal tief durchatmet, die Augen öffnet und sich laut vorsagt: »Ich bin wieder vollkommen wach und munter.«

Wer sich die obigen Vorstellungen nur schwer einprägen kann, spricht sie am besten auf eine Tonkassette und hört diese zum Üben ab.

Progressive Muskelentspannung

Die progressive Muskelentspannung (Progressive Relaxation) wurde 1939 von Professor EDMUND JACOBSON aus Chicago entwickelt. Im deutschen Sprachraum fand sie bisher aber neben dem autogenen Training noch keine größere Verbreitung, während man sie im angloamerikanischen Sprachraum recht häufig anwendet.

Die Methode ist systematisch aufgebaut. Im Gegensatz zu anderen Entspannungsmethoden stellt man sich die Folgen der fortschreitenden Entspannung des Körpers dabei aber nicht einfach vor, sondern versucht, die Lösung der Muskeln bewußt zu erleben. Dazu werden die einzelnen Muskelgruppen zunächst willentlich kurz angespannt und dann wieder gelockert. Auf diese Weise kann man eine tiefe Entspannung erreichen. Die Technik eignet sich auch für Menschen, denen es schwerfällt, sich die Übungszustände bildhaft vorzustellen.

Die Originalmethode nach JACOBSON sollte beim Therapeuten erlernt werden. Zur Selbstentspannung eignet sich eine vom Autor modifizierte Technik, die wir weiter unten vorstellen.

▶ Im Prinzip gelten für die progressive Relaxation die gleichen Grundvoraussetzungen wie für einfache Entspannungstechniken, also Ruhe im Raum und bequeme Rückenlage. Geübt wird jeden Tag zwei- bis dreimal.

Zum Training konzentriert man sich stets auf die Muskelgruppe, mit der man gerade arbeitet. Sie wird fünf Sekunden lang so fest wie möglich angespannt; dabei hilft es, wenn man sich gleichzeitig vorstellt, wie die Muskeln fest und hart werden. Danach läßt man die Muskeln plötzlich los und stellt sich dabei vor, wie sie ganz locker und weich werden; diese Entspannung dauert ungefähr 30 Sekunden. (Um die Zeit der Anspannung und Entspannung ungefähr einzuhalten, zählt man am besten im Geist langsam von eins bis fünf während der Anspannung und von eins bis 30 während der Entspannung.) Danach wiederholt man die Übung und geht dann weiter zur nächsten Muskelgruppe. Zu Beginn der Anspannung atmet man tief ein, zur Entspannung tief aus.

Das Training beginnt mit den Armen und endet mit der mimischen Muskulatur des Gesichts. Halten Sie sich möglichst genau an das folgende Schema:

Entspannung der Arme:
Hände ballen sich zur Faust. *(5 Sekunden)*

Fäuste öffnen sich. *(30 Sekunden)*
– *einmal wiederholen* –

Unterarme im Ellbogengelenk anwinkeln. *(5 Sekunden)*

Unterarme strecken. *(30 Sekunden)*
– *einmal wiederholen* –

Entspannung der Beine:
Fußspitzen nach vorn ausstrecken. *(Nur 2 Sekunden lang)*

Füße kehren in Ausgangsstellung zurück. *(30 Sekunden)*

Fußspitzen nach hinten *(Richtung Schienbein)* führen.
(5 Sekunden)

Füße kehren in Ausgangsstellung zurück. *(30 Sekunden)*
– *nicht wiederholen* –

Unterschenkel mit gestreckten Knien leicht von der Unterlage abheben. *(5 Sekunden)*

Unterschenkel kehren in Ausgangsstellung zurück.
(30 Sekunden)
– *einmal wiederholen* –

Entspannung der Brust- und Schultermuskulatur:
Mit den Ellbogen auf der Unterlage abstützen und den Brustkorb leicht anheben. *(5 Sekunden)*

In die Ausgangsstellung zurückkehren. *(30 Sekunden)*
– *einmal wiederholen* –

Entspannung der Bauchmuskulatur:
Bauchmuskeln einziehen, ohne die Atmung zu unterbrechen.
(5 Sekunden)

Bauchmuskeln wieder loslassen, ohne die Atmung zu verändern. *(30 Sekunden)*.
– *einmal wiederholen* –

Entspannung der Rückenmuskulatur:
Schultern anheben und nach hinten ziehen. *(5 Sekunden)*

In Ausgangsstellung zurückkehren. *(30 Sekunden)*

Schultern anheben und nach vorn wölben. *(5 Sekunden)*

In Ausgangsstellung zurückkehren. *(30 Sekunden)*
– *nicht wiederholen* –

Entspannung der Hals-Nacken-Muskulatur:
Kopf nach vorn beugen, bis das Kinn die Brust berührt.
(5 Sekunden)

Kopf in Ausgangsstellung zurückbringen. *(30 Sekunden)*

Kopf nach hinten fest auf den Boden pressen. *(5 Sekunden)*

Kopf in Ausgangsstellung zurückbringen. *(30 Sekunden)*
– *nicht wiederholen* –

> **Entspannung der mimischen Gesichtsmuskulatur:**
> Augen fest verschließen, Augenbrauen nach oben ziehen und die Lippen fest zusammenpressen. *(5 Sekunden)*
>
> Augen öffnen, Augenbrauen und Lippen lockern. *(30 Sekunden)*
> – *einmal wiederholen* –

Nach der letzten Übung haben sich beim Trainierten die Hauptmuskeln des Körpers entspannt. Diese Entspannung teilt sich dann automatisch auch den anderen, nicht gezielt entspannten Muskeln mit, so daß man eine vollständige Lösung des Körpers erreicht. Danach kann mit dem positiven Gedankentraining begonnen werden.

▶ Die Entspannung wird nach Abschluß des Trainings zurückgenommen, indem man sich zunächst ausgiebig dehnt, streckt und räkelt, dann einmal tief durchatmet und dann die Augen öffnet.

Bei der progressiven Muskelentspannung kann es unter Umständen zu schmerzhaften Verkrampfungen der Muskulatur kommen, die sich dann nicht spontan lösen. In solchen Fällen sollte bald durch fachmännische Untersuchung geklärt werden, ob eine Krankheit – zum Beispiel Kalzium- oder Magnesiummangel – besteht, die gezielte Behandlung erfordert. Bis zur Klärung der Ursachen darf diese Technik nicht mehr angewendet werden.

Die progressive Relaxation nach JACOBSON hat sich im Einzelfall gut bewährt. Allerdings bietet sie im Vergleich zu anderen Entspannungstechniken auch keine nennenswerten Vorteile. Sie können also selbst entscheiden, ob Sie sich auf diese Weise entspannen wollen oder eine andere Methode vorziehen.

Die Benson-Entspannungsmethode

Diese Technik wurde von den amerikanischen Ärzten BENSON und WALLACE entwickelt, fand bei uns aber bisher noch kaum Beachtung. Die Übungen muten sehr einfach an und kommen versuchsweise auch bei Menschen in Frage, denen es schwerfällt, sich zur Entspannung die körperlichen Zustände von Wärme und Schwere vorzustellen.

Die Technik beruht auf Erfahrungen mit der Transzendentalen Meditation und erinnert an die Mantras, die indische Yogis zum

Meditieren verwenden. Anstelle dieser Mantras – das sind einfache, sinnlose Worte, die man beim Meditieren im Geist ständig wiederholt, um völlig abzuschalten – verwenden BENSON und WALLACE aber nur die Zahlen 1 und 2 und kombinieren sie mit der Atmung.

Die Originaltechnik sollte unter fachmännischer Anleitung erlernt werden. In der eigenen Praxis wird bei Bedarf die folgende modifizierte Technik zur Selbsthilfe gelehrt. Zum Teil führt sie auch in schwierigen Fällen eine ausreichend tiefe Entspannung herbei.

▶ Die Grundvoraussetzungen des Trainings, vor allem ruhiger Übungsraum und bequeme Körperhaltung, entsprechen wieder denen, die für die einfache Entspannungstechnik beschrieben wurden.

Die Übung läuft wie folgt ab:

Einmal tief durchatmen.

Vorstellung (im Geist, nicht sprechen) –

»Ich bin vollkommen ruhig und gelassen. – *Kurze Pause –*

In diesem wunderbaren Zustand spüre ich nun ganz deutlich alle die Spannungen, die noch in meinem Körper bestehen. – *Kurze Pause –*

Alle diese Spannungen lösen sich nun vollkommen. – *Kurze Pause –*

(Konzentrieren Sie sich jetzt auf die jeweils angesprochenen Körperpartien.)

Meine Füße, die Wadenmuskeln und die Oberschenkelmuskeln lockern sich. – *Kurze Pause –*

Die Entspannung schreitet fort in mein Gesäß und steigt dann den Rücken empor bis hinauf zu den Schultern. – *Kurze Pause –*

Von den Schultern dehnt sich die Entspannung weiter aus in meine Arme bis hinab in die Fingerspitzen. – *Kurze Pause –*

Aus den Beinen steigt die Entspannung nun aufwärts über die Hüften in meine Bauchmuskulatur und von dort aus weiter in die Brust hinauf. – *Kurze Pause –*

Jetzt entspannen sich auch noch alle Muskeln im Hals, Nacken und Gesicht. – *Kurze Pause –*

> Mein ganzer Körper ist nun von den Fußspitzen bis hinauf zum
> Kopf und von den Schultern bis hinab in alle Fingerspitzen
> vollkommen locker, weich und entspannt. Ich fühle mich frei,
> locker, geborgen und sehr, sehr wohl. – *Kurze Pause* – «

Es erfordert einige Übung, um diese bewußte Entspannung des
ganzen Körpers herbeizuführen, aber durch konsequentes tägliches
Training (zwei- bis dreimal) erreicht man sie meist bald.

> *Während Sie ruhig und entspannt einfach daliegen, konzentrie-*
> *ren Sie sich anschließend ganz auf Ihre Atmung. Mit jeder Ein-*
> *atmung stellen Sie sich im Geist (nicht laut sprechen) vor:*
>
> »Eins – einatmen.
> Zwei – ausatmen.
> Eins – einatmen
> Zwei – ausatmen.«
>
> und so fort, bis sich eine sehr tiefe Entspannung als Vorausset-
> zung für das anschließende positive Gedankentraining einge-
> stellt hat. Normalerweise vertieft sich die Entspannung bei Ge-
> übten mit jedem Atemzug weiter.

▶ Auch bei der *Benson-Technik* müssen die Übungszustände am
  Schluß wieder zurückgenommen werden. Das erfolgt durch aus-
  giebiges Dehnen und Strecken des ganzen Körpers, dann atmet
  man einmal tief durch, öffnet die Augen und sagt sich laut vor:
  »Ich bin jetzt wieder vollkommen wach und fühle mich sehr
  wohl.«

Im Vergleich zu anderen Entspannungstechniken bietet auch die
Benson-Methode keine besonders hervorzuhebenden Vorteile, die
sie bestimmten Menschen zum Training empfehlen würden. Man
kann die Methode anwenden, wenn sie persönlich gut gefällt.

Autogenes Training – Selbsthypnose

In der eigenen Praxis haben sich diese beiden Techniken zur Einleitung des positiven Gedankentrainings bei den meisten Patienten
gut bewährt. Beide Methoden kann man beim Fachmann im Ein-
zel- oder Gruppenunterricht erlernen. Kurse in autogenem Trai-

ning bieten heute auch fast alle Volkshochschulen an. Grundsätzlich spricht aber nichts dagegen, wenn man autogenes Training oder Selbsthypnose selbständig nach einem Buch oder mit einer Tonkassette erlernt. Zwar gibt es immer noch Fachleute, die das ablehnen, aber die praktische Erfahrung lehrt, daß auch vom selbständigen Üben keine Gefahren drohen.

Es würde den Rahmen dieses Buches sprengen, diese beiden Entspannungstechniken ausführlich zu beschreiben. Dazu gibt es genügend einschlägige Literatur.*

Wir beschränken uns darauf, die Methoden in ihren Grundzügen vorzustellen, so daß man einen Eindruck vom Ablauf erhält und versuchsweise auch einmal selbst mit dem Üben beginnen kann. Wenn die Technik zusagt, kauft man sich dann zum Dauertraining ein geeignetes Buch oder eine Tonkassette (vgl. S. 45).

Autogenes Training:
Das autogene Training (AT) wurde vor über 50 Jahren von dem Berliner Nervenarzt Professor J.H.SCHULTZ in die Therapie eingeführt und hat seither schon vielen Menschen geholfen. Es beruht auf Erfahrungen mit Hypnose, die Schultz sammelte, ferner flossen Gedanken der Yogatechnik mit ein.

Der entscheidende Vorteil des AT besteht im systematischen Aufbau, der das Erlernen erleichtert. Darin ist das Training allen anderen Techniken zur Entspannung überlegen. Das erklärt, weshalb AT im deutschsprachigen Raum so viele Anhänger fand, die zum Teil lebenslang regelmäßig üben und nicht mehr darauf verzichten wollen. Auch die Einprägung positiver Gedanken wird durch AT gut unterstützt.

▶ Die Voraussetzungen für das Training entsprechen denen, die bei den einfachen Entspannungstechniken bereits ausführlich beschrieben wurden. Besonders wichtig sind ein ruhiger Übungsraum und eine bequeme Körperhaltung. Außerdem gehört das regelmäßige Training zu den unverzichtbaren Voraussetzungen des Erfolgs. Anfänger sollten zumindest morgens nach dem Erwachen und abends vor dem Einschlafen üben, nach Möglichkeit noch einmal am Nachmittag. Später genügt es,

---

* Vgl. dazu: »Erfolgsgeheimnis Selbsthypnose« (Bd. 571), »Autogenes Training« (Bd. 336), »Selbsthilfe durch Autogenes Training« (Bd. 466) und »Autogenes Training und Meditation« (Bd. 510), alle erschienen im Humboldt-Taschenbuchverlag, München.

nur noch zweimal am Tag zu üben, zum Dauertraining sollte man lebenslang wenigstens jeden Morgen oder Abend üben.

▶ Auch die Übungszustände, die man durch AT erreicht, müssen wieder zurückgenommen werden. Die Vorstellung dazu lautet:

> »Arme beugen und strecken – tief atmen – Augen auf.«

Während dieser Vorstellung führt man alles genauso durch, wie man es sich gerade ausdenkt. Danach kann man sich vor dem Aufstehen noch kräftig dehnen, strecken und räkeln und ist dann wieder ganz wach.

AT arbeitet mit einer Grundvorstellung und sechs Übungsvorstellungen. Die Grundvorstellung (Ruheformel) wird zu Beginn des Trainings und nach je sechs Übungsvorstellungen eingeschoben; sie lautet:

> »Ich bin ganz (oder vollkommen) ruhig.«
> *Diese Ruhe stellt man sich jeweils einmal intensiv vor.*

Die Übungsvorstellungen führen Schwere und Wärme in einem Arm, Herz und Atemberuhigung, Wärme im Leib und Kühle auf der Stirn herbei. Das Trainingsschema muß genau eingehalten werden, auch wenn sich zum Beispiel die Armwärme schon zusammen mit der Armschwere einstellt, denn der systematische Aufbau macht eine der Stärken des AT aus.

Für jede Übungsvorstellung stehen zwei Wochen zur Verfügung. Nach zwölf Wochen hat man also das gesamte Grundprogramm absolviert und kann im Anschluß an die Stirnkühle mit dem positiven Gedankentraining beginnen.

Wir wollen das Trainingsprogramm jetzt genauer vorstellen.

ARMSCHWERE *(1. und 2. Woche)*
Die Schwere stellt man sich gewöhnlich im rechten (Linkshänder im linken) Arm vor. Indem man sich auf einen Arm beschränkt, geht die Vorstellung der Schwere erfahrungsgemäß schneller und deutlicher in Erfüllung. Später dehnt sich die Schwere (ebenso wie die Wärme bei der nächsten Übung) automatisch auf die übrigen Körper aus.

Die Vorstellungen lauten:

> »Ich bin ganz (vollkommen) ruhig. – *einmal* –
> Rechter (linker) Arm ganz schwer. – *sechsmal* –
> Ich bin ganz (vollkommen) ruhig. – *einmal* –
> Rechter (linker) Arm ganz schwer. – *sechsmal* –
> Ich bin ganz (vollkommen) ruhig. – *einmal* –
> Rechter (linker) Arm ganz schwer. – *sechsmal* –
> Arme beugen und strecken – tief atmen – Augen auf. – *einmal* –«

ARMWÄRME *(3. und 4. Woche)*

Auch die Wärme stellt man sich nur in einem Arm vor. Zuvor führt man durch sechsmalige Wiederholung der Schwereformel die Schwere herbei.

Die Vorstellungen lauten:

> »Ich bin ganz (vollkommen) ruhig. – *einmal* –
> Rechter (linker) Arm ganz schwer. – *sechsmal* –
> Ich bin ganz (vollkommen) ruhig. – *einmal* –
> Rechter (linker) Arm angenehm warm. – *sechsmal* –
> Ich bin ganz (vollkommen) ruhig. – *einmal* –
> Rechter (linker) Arm angenehm warm. – *sechsmal* –
> Ich bin ganz (vollkommen) ruhig. – *einmal* –
> Rechter (linker) Arm angenehm warm. – *sechsmal* –
> Arme beugen und strecken – tief atmen – Augen auf. – *einmal* –«

HERZÜBUNG *(5. und 6. Woche)*

Die Herzübung kann unter Umständen zu unangenehmen Begleiterscheinungen führen, die allerdings nicht gefährlich sind. Trotzdem sollte man diese Übung nur dann selbständig ausführen, wenn keine Beschwerden auftreten. Andernfalls läßt man die Übung ausfallen und geht gleich zur Atemübung weiter oder trainiert die Herzübung zunächst unter fachmännischer Anleitung, bis sie problemlos abläuft. In der Regel gelingt aber auch diese Übung ohne Komplikationen.

Die Vorstellungen lauten:

> »Ich bin ganz (vollkommen) ruhig. – *einmal* –
> Rechter (linker) Arm ganz schwer. – *sechsmal* –
> Ich bin ganz (vollkommen) ruhig. – *einmal* –
> Rechter (linker) Arm angenehm warm. – *sechsmal* –
> Ich bin ganz (vollkommen) ruhig. – *einmal* –
> Herz schlägt ruhig und regelmäßig. – *sechsmal* –
> Ich bin ganz (vollkommen) ruhig. – *einmal* –
> Herz schlägt ruhig und regelmäßig. – *sechsmal* –
> Ich bin ganz (vollkommen) ruhig. – *einmal* –
> Herz schlägt ruhig und regelmäßig. – *sechsmal* –
> Arme beugen und strecken – tief atmen – Augen auf. – *einmal* –«

ATEMÜBUNG *(7. und 8. Woche)*
Die Beruhigung und Vertiefung der Atmung wird hier ausnahmsweise durch die speziell dafür formulierte Vorstellung »Es atmet mich« eingeleitet. Darin kommt zum Ausdruck, daß die Atmung nicht bewußt gesteuert, sondern nur durch die Vorstellungskraft beeinflußt werden soll. Menschen mit organischen Erkrankungen der Atmungsorgane dürfen diese Übung erst nach Zustimmung ihres Therapeuten durchführen.

Die Vorstellungen lauten:

> »Ich bin ganz (vollkommen) ruhig. – *einmal* –
> Rechter (linker) Arm ganz schwer. – *sechsmal* –
> Ich bin ganz (vollkommen) ruhig. – *einmal* –
> Rechter (linker) Arm angenehm warm. – *sechsmal* –
> Ich bin ganz (vollkommen) ruhig. – *einmal* –
> Herz schlägt ruhig und regelmäßig. – *sechsmal* –
> Es atmet mich. – *einmal* –
> Atmung ruhig und gleichmäßig. – *sechsmal* –
> Es atmet mich. – *einmal* –
> Atmung ruhig und gleichmäßig. – *sechsmal* –
> Es atmet mich. – *einmal* –
> Atmung ruhig und gleichmäßig. – *sechsmal* –
> Arme beugen und strecken – tief atmen – Augen auf. – *einmal* –«

BAUCHWÄRME *(9. und 10. Woche)*
Bei dieser Übung wird im Bauchraum ein Wärmegefühl erzeugt, das vor allem das größte Nerven-(Sonnen-)geflecht des vegetativen Nervensystems harmonisiert.

Die Vorstellungen lauten:

> »Ich bin ganz (vollkommen) ruhig. – *einmal* –
> Rechter (linker) Arm ganz schwer. – *sechsmal* –
> Ich bin ganz (vollkommen) ruhig. – *einmal* –
> Rechter (linker) Arm angenehm warm. – *sechsmal* –
> Ich bin ganz (vollkommen) ruhig. – *einmal* –
> Herz schlägt ruhig und regelmäßig. – *sechsmal* –
> Es atmet mich. – *einmal* –
> Atmung ruhig und gleichmäßig. – *sechsmal* –
> Ich bin ganz (vollkommen) ruhig. – *einmal* –
> Bauch (oder Magengegend) strömend warm. – *sechsmal* –
> Ich bin ganz (vollkommen) ruhig. – *einmal* –
> Bauch (oder Magengegend) strömend warm. – *sechsmal* –
> Ich bin ganz (vollkommen) ruhig. – *einmal* –
> Bauch (oder Magengegend) strömend warm. – *sechsmal* –
> Arme beugen und strecken – tief atmen – Augen auf. – *einmal* –«

STIRNKÜHLE *(11. und 12. Woche)*
Diese letzte Übung rundet die Entspannung durch das Gefühl der Kühle auf der Stirn ab. Dabei darf man sich unter keinen Umständen »kalt« vorstellen, sonst kann es zu Kopfschmerz- und Migräneanfällen oder Schwindel bis zur Ohnmacht kommen.

Die Vorstellungen lauten nun:

> »Ich bin ganz (vollkommen) ruhig. – *einmal* –
> Rechter (linker) Arm ganz schwer. – *sechsmal* –
> Ich bin ganz (vollkommen) ruhig. – *einmal* –
> Rechter (linker) Arm angenehm warm. – *sechsmal* –
> Ich bin ganz (vollkommen) ruhig. – *einmal* –
> Herz schlägt ruhig und regelmäßig – *sechsmal* –
> Es atmet mich. – *einmal* –
> Atmung ruhig und regelmäßig. – *sechsmal* –
> Ich bin ganz (vollkommen) ruhig. – *einmal* –
> Bauch (oder Magengegend) strömend warm. – *sechsmal* –
> Ich bin ganz (vollkommen) ruhig. – *einmal* –
> Stirn angenehm ein wenig kühl. – *sechsmal* –
> Ich bin ganz (vollkommen) ruhig. – *einmal* –
> Stirn angenehm ein wenig kühl. – *sechsmal* –
> Ich bin ganz (vollkommen) ruhig. – *einmal* –
> Stirn angenehm ein wenig kühl. – *sechsmal* –
> Arme beugen und strecken – tief atmen – Augen auf. – *einmal* –«

Wenn man die letzte Übung zwei Wochen lang durchgeführt hat und die Stirnkühle spürt, genügt es, sich zukünftig auch die Formel »Stirn angenehm ein wenig kühl« nur noch sechsmal (statt vorher achtzehnmal) vorzustellen.

Nach Erreichen der Stirnkühle ist das Unbewußte offen für die positiven Gedanken. Man kann mit der positiven Selbstbeeinflussung zwar auch schon früher beginnen – sogar schon bei der Übung der Armschwere –, aber die Wirkung ist dann fraglich.

Durch fortgesetztes Training erreicht man allmählich, daß sich die Entspannung immer rascher einstellt, zum Teil schon beim Niederlegen zum Training. Dann kann das Grundprogramm stark verkürzt werden, das spart Zeit, die man zur positiven Selbstbeeinflussung nutzen kann. Wann zu dieser Kurzformel übergegangen werden kann, ist individuell sehr verschieden; man richtet sich immer nach den persönlichen Reaktionen.

Die AT-Kurzformel zum Dauertraining lautet:

> »Ruhe – Schwere – Wärme –
> Herz und Atmung ruhig und gleichmäßig –
> Bauch (oder Magengegend) strömend warm –
> Stirn angenehm ein wenig kühl.«

Nach dieser kurzen, intensiven einmaligen Vorstellung stellt sich beim Geübten praktisch sofort die vollkommene Entspannung von Körper, Geist und Seelenleben als Voraussetzung für das positive Gedankentraining ein.

Das autogene Training besteht nicht allein aus dem zwölfwöchigen Grundprogramm, sondern bietet mit der Oberstufe auch noch andere Möglichkeiten, zum Beispiel die vertiefte Selbsterkenntnis und innere Harmonie. Das läßt sich gut mit positivem Denken verbinden, ist dazu aber nicht unbedingt notwendig. Die AT-Oberstufe muß als tiefenpsychologische Methode stets beim Fachmann erlernt werden.

Selbsthypnose:
Die Hypnosebehandlung blickt auf eine jahrtausendealte Tradition zurück, auch wenn sie zwischendurch immer wieder einmal fast in Vergessenheit geriet. Neuerdings erlebt sie wieder einmal einen Aufschwung, weil sie sich in der Praxis gut bewährt und bei vielen

Heilanzeigen angewendet werden kann. Nachdem Forschungen vor allem in den USA die Hypnose jetzt auch besser verständlich machen, ist zu erwarten, daß sie in Zukunft wieder eine wichtige Rolle in der Medizin und Psychologie spielen wird.

Mit Show-Hypnosen, wie man sie zuweilen im Fernsehen oder in Varietés miterlebt, hat die medizinische Hypnose fast nur noch den Namen gemeinsam.

Inzwischen gibt es Techniken, nach denen man die Hypnose auch selbst zur Entspannung anwenden kann. Sie ähneln im Grunde den einfachen Entspannungstechniken, die weiter vorn (vgl. S. 45 ff.) beschrieben wurden, sind aber systematischer als diese aufgebaut und deshalb oftmals wirksamer.

► Selbsthypnose kann im Einzel- oder Gruppenunterricht beim Therapeuten, nach einem Buch oder einer Tonkassette (vgl. S. 45) erlernt werden. Die Voraussetzungen entsprechen denen des autogenen Trainings.

Um einen Eindruck vom Ablauf der Übungen zu geben, wollen wir sie jetzt beschreiben. Danach können Sie auch selbst einmal einen Versuch unternehmen. Wenn Sie sich aber dazu entschließen, die Selbsthypnose ständig anzuwenden, benötigen Sie zusätzlich ausführlichere Anleitungen.

Die einzelnen Übungen werden jeweils 30 Tage lang durchgeführt, dann geht man zur nächsten Übung weiter. Trainiert wird wie beim AT täglich zwei- bis dreimal.

ÜBUNG 1:
Atmen Sie einmal tief durch, und stellen Sie sich im Geist (nicht laut sprechen) ganz intensiv vor:

> »Ich bin vollkommen ruhig, gelassen und locker. – *Kurze Pause* –
>
> Nichts und niemand kann jetzt noch stören oder ablenken, alles andere wird vollkommen gleichgültig. Nur wenn etwas geschieht, was mein sofortiges Handeln erfordert, nehme ich das automatisch sofort wahr und erwache, um ganz selbstverständlich alles zu tun, was dann erforderlich ist. – *Kurze Pause* –
>
> Ich spüre jetzt ganz deutlich alle Spannungen, die noch in meinen Muskeln bestehen. Diese Spannungen lösen sich jetzt Schritt für Schritt. – *Kurze Pause* –
>
> Zunächst entspannen sich meine Füße. Die einzelnen Zehen, die

Fußsohlen, Knöchel und Fersen lockern sich, werden weich, schwer und warm. – *Kurze Pause* –

Jetzt entspanne ich meine Waden und Oberschenkel. Die Muskeln werden ganz locker, weich, schwer und warm – *Kurze Pause* –

Beide Beine sind jetzt vollkommen entspannt. Die Entspannung greift auf meine Gesäßmuskeln über. Ich fühle Schwere und wohlige Wärme in meinem Gesäß. – *Kurze Pause* –

Jetzt lockern sich meine Bauchdecken, die Muskeln der Magengegend und die Brustmuskeln – sie werden weich, schwer und angenehm warm. – *Kurze Pause* –

Ich fühle ganz deutlich, wie das Polster meinen Rücken trägt. Mein Rücken wird schwer, weich, locker und wohltuend strömend warm und sinkt langsam ganz tief im Polster ein. – *Kurze Pause* –

Jetzt lösen sich die Muskeln in Hals und Nacken. Schwere und wohlige Wärme durchziehen Hals und Nacken. – *Kurze Pause* –

Meine Aufmerksamkeit richtet sich nun auf mein Gesicht. Ich lasse meinen Unterkiefer los, meine Wangen werden flach und gelöst, meine Lippen werden weich und locker, ein leichter Hauch von Kühle legt sich auf Stirn und Haarboden. Mein Kopf ist jetzt vollkommen locker und entspannt. – *Kurze Pause* –

Ich fühle, wie die Entspannung meine Hände erreicht. Die Finger lockern sich, Handflächen und Handrücken lockern sich. Meine beiden Hände sind weich, schwer, warm und locker.
– *Kurze Pause* –

Die Entspannung schreitet aufwärts in die Unterarme, über die Ellbogen hinaus in die Oberarme bis in die Schultern. Meine Arme sind jetzt von den Fingerspitzen bis in die Schultern weich, schwer, warm und locker. – *Kurze Pause* –

Nun ist mein ganzer Körper wohltuend weich und locker, schwer und warm. Ich fühle mich vollkommen geborgen und gebe mich einfach diesem wunderbaren Zustand hin.«

Bleiben Sie jetzt einige Zeit ruhig liegen. Sie können schon mit dem positiven Gedankentraining beginnen. Danach lösen Sie sich mit folgender Vorstellung wieder aus der Entspannung:

»Ich zähle jetzt von 3 bis 1. Bei »1« öffnen sich meine Augen, ich beuge und strecke kräftig die Arme, atme einmal tief durch und bin dann wieder vollkommen wach und frisch.«

ÜBUNG 2:

Sie baut auf der Übung 1 auf; führen Sie zunächst diese Übung wie vorstehend beschrieben durch. Wenn Sie beim Schlußsatz »... gebe mich einfach diesem wunderbaren Zustand hin« angekommen sind, fahren Sie wie folgt fort:

»Ich habe mich an einem ruhigen, friedlichen Ort niedergelegt, auf einer Wiese im weichen, warmen, hohen Gras. In mir und um mich herum herrschen Ruhe und Frieden. – *Kurze Pause* –

Mit jedem Atemzug atme ich den wohltuenden Duft von Tannen ein. Ich atme tief, ruhig und regelmäßig und fühle mich sehr, sehr wohl. Unendlich weit über mir wölbt sich wolkenlos der tiefblaue Himmel. Mein Geist, meine Seele, sie werden jetzt ebenso ruhig und gelassen wie der unendlich weite, klare Himmel. – *Kurze Pause* –

Ich gehe ein in das tiefe Blau des Himmels und spüre immer deutlicher wohlige Trägheit, Wärme und Schwere. Ich zähle jetzt von 1 bis 3; bei »3« bin ich in wohltuend tiefer Trance versunken, und mein Unbewußtes öffnet sich weit für alle meine Gedanken, die sich dann in mir entwickeln. Ich bleibe in dieser wunderbar tiefen Trance, solange ich will. Wenn ich wieder daraus auftauchen möchte, zähle ich einfach von 3 bis 1 und bin dann wieder vollkommen wach. – *Kurze Pause* –

1 – Meine Augenlider werden schwer, angenehm bleiern schwer.

2 – Meine Augenlider werden noch schwerer, völlig unbeweglich schwer.

3 – Jetzt sind meine Augenlider schwer, unbeweglich fest verschlossen; ich öffne sie erst wieder, wenn ich es ausdrücklich möchte. Ich bin in tiefer Trance versunken und bleibe darin, solange ich will.«

Jetzt können Sie sich ihre positiven Gedanken ins Unbewußte einprägen. Danach nehmen Sie den Trancezustand wie folgt zurück:

»Ich zähle jetzt von 3 bis 1, bei »1« bin ich wieder vollkommen wach und fühle mich sehr, sehr wohl. – *Kurze Pause* –

3 – Meine Glieder werden frei beweglich.

2 – Ich beuge und strecke kräftig meine beiden Arme.

1 – Meine Augen öffnen sich, die Lider sind wieder frei beweglich. Ich bin vollkommen wach, fühle mich frisch und munter und sehr wohl.«

ÜBUNG 3:

Nachdem sich die Übungszustände jetzt schon rascher einstellen, kann das Training abgekürzt werden. Gehen Sie aber erst zu dieser abgekürzten Übung weiter, wenn Sie tatsächlich alle Übungszustände der Übung 2 deutlich spüren; das kann im Einzelfall auch länger als 30 Tage dauern. Lassen Sie sich dadurch nicht entmutigen; konsequentes Training führt zum Erfolg.

Atmen Sie einmal tief durch, und stellen Sie sich im Geiste ganz intensiv vor:

»Ich bin vollkommen ruhig, gelassen und locker. Nichts kann stören oder ablenken. Wenn etwas geschieht, was mein sofortiges Handeln erfordert, wache ich sofort auf und kann alles tun, was dann notwendig ist. – *Kurze Pause* –

Ich spüre alle Spannungen in meinem Körper und fühle nun, wie sie sich Schritt für Schritt lösen. – *Kurze Pause* –

Meine Füße, die Waden und Oberschenkel sind weich, locker, schwer und warm. – *Kurze Pause* –

Mein Gesäß, die Bauchdecken, die Muskeln der Magengegend und die Brustmuskeln sind weich, locker, schwer und warm. Mein Rücken und Nacken sind schwer, locker, weich und warm. Ich sinke langsam tief in die weichen Polster und fühle mich wohl und geborgen. – *Kurze Pause* –

Mein Hals, meine Schultern und die Arme bis hinab zu den Fingerspitzen sind weich, locker, schwer und warm. – *Kurze Pause* –

Mein Gesicht und Haarboden sind weich, locker, schwer und warm. – *Kurze Pause* –

Nun ist mein ganzer Körper schwer, locker, weich und warm. Ich gebe mich einfach diesem wunderbaren Zustand hin. Es ist, als hätte ich mich auf einer ruhigen, friedlichen Wiese im weichen, hohen Gras niedergelegt. Ich atme tief und regelmäßig den wohltuenden Duft von Tannen ein. – *Kurze Pause* –

Unendlich weit über mir wölbt sich der tiefblaue, wolkenlose Himmel. Ich gehe ein in dieses tiefe Blau und spüre immer deutlicher wohlige Trägheit, Schwere und Wärme. Wenn ich jetzt von 1 bis 3 zähle, versinke ich vollkommen in wohlig tiefer Trance, und mein Unbewußtes öffnet sich weit für meine Gedanken, behält sie unauslöschlich, und sie gehen im Alltag unweigerlich in Erfüllung. – *Kurze Pause* –

Eins – zwei – drei. – *Kurze Pause* –

Ich bin in tiefer Trance versunken und bleibe darin, solange ich will.«

Jetzt prägen Sie sich Ihre positiven Gedanken ein und nehmen dann die Trance wie folgt zurück:

»Ich zähle jetzt von 3 bis 1, bei »1« bin ich wieder vollkommen wach. – *Kurze Pause* –

3 – Meine Glieder werden frei beweglich.
2 – Arme kräftig beugen und strecken.
1 – Augen öffnen sich, ich bin vollkommen wach, frisch und munter und fühle mich sehr wohl.«

ÜBUNG 4:
Diese Übung für gut Trainierte kürzt die Vorstellungen noch weiter ab und eignet sich zum Dauertraining. Sie wird erst dann verwendet, wenn man die Übung 3 vollkommen beherrscht.
Atmen Sie wie gewohnt einmal tief durch, und stellen Sie sich dann im Geiste ganz intensiv vor:

»Ruhe – Gelassenheit – Entspannung. – *Kurze Pause* –

Nichts kann stören, nichts lenkt mehr ab. Wenn etwas geschieht, was mein sofortiges Handeln erfordert, wache ich sofort auf und tue alles, was notwendig ist. – *Kurze Pause* –

Schritt für Schritt lösen sich alle Spannungen in meinem Körper *(das Folgende langsam mit kurzen Pausen intensiv vorstellen):*

Füße – Waden – Oberschenkel – Gesäß – Bauchdecken – Magengegend – Brustmuskeln – Rücken – Nacken – Hals – Schultern – Arme – Hände – alles lockert sich, ist nun weich, schwer und warm. – *Kurze Pause* –

Gesicht und Haarboden lockern sich, sind weich und schwer und warm. – *Kurze Pause* –

Mein ganzer Körper ist locker, schwer, weich und warm. Wohlige Trägheit, Schwere und Wärme nehmen mit jedem Atemzug zu. – *Kurze Pause* –

Ich zähle von 1 bis 3, bei »3« bin ich vollkommen in Trance versunken. Mein Unbewußtes öffnet sich weit für meine Gedanken, behält sie und erfüllt sie im Alltag automatisch ohne innere Widerstände. – *Kurze Pause* –

Eins – zwei – drei.

Ich bin und bleibe in tiefer Trance, solange ich will.«

Jetzt prägen Sie sich die positiven Gedanken ein und nehmen die Trance dann wie gewohnt zurück:

»Ich zähle von 3 bis 1, bei »1« bin ich wieder vollkommen wach. – *Kurze Pause –*

3 – Glieder frei beweglich.
2 – Arme kräftig beugen und strecken.
1 – Augen öffnen sich, ich bin vollkommen wach, frisch und munter und fühle mich sehr wohl.«

Die verschiedenen Vorstellungen, die wir hier zur Selbsthypnose angegeben haben, müssen nicht wörtlich übernommen werden; man kann sie individuell variieren, wenn nur der Sinn der Übungen erhalten bleibt. Vor allem die langen Vorstellungen zu Anfang kann man zweckmäßigerweise auch auf eine Tonkassette sprechen, das erleichtert das Training. Wenn man die Selbsthypnose beim Therapeuten erlernt, wird er unter Umständen auch eine andere Technik lehren, die man dann selbstverständlich übernimmt.

Autogenes Training und Selbsthypnose gehören zu den wichtigsten Entspannungstechniken zur Einleitung des positiven Gedankentrainings. In der Praxis haben sich beide sehr gut bewährt.

▶ Aber die Entscheidung, welche der hier beschriebenen Methoden zur Entspannung man für sich persönlich wählt, bleibt letztlich immer dem persönlichen Geschmack vorbehalten. Es nützt wenig, eine Methode auszuwählen, nur weil danach viele andere Menschen trainieren, wenn man von ihr nicht ganz überzeugt ist. Dann entwickeln sich leicht negative Einstellungen und Erwartungen, die das Training behindern können. Erproben Sie deshalb zu Anfang ruhig verschiedene Methoden, und entscheiden Sie sich erst dann für die, die Ihnen am besten zusagt.

FORMULIERUNG POSITIVER GEDANKEN

Entspannung bildet zwar bei den meisten Menschen eine unabdingbare Voraussetzung des positiven Denktrainings und kann auch schon allein zu einer insgesamt positiveren Lebenseinstellung führen, aber zur gezielten Selbstbeeinflussung müssen individuell richtig formulierte Gedanken entwickelt werden. Sie entsprechen möglichst genau der persönlichen Situation, die man durch positives Denken günstig beeinflussen will.

▶ Besonders wichtig ist es dabei, die Problemsituation genau zu analysieren, um dann »maßgeschneiderte« bildhafte positive Vorstellungen zu finden (Bilder sind die »Sprache« des Unbewußten). Da dies nicht immer gelingt, kann man im Einzelfall auch einmal »Generalformeln« verwenden, die allgemein positiv wirken und viele Probleme günstig beeinflussen. Grundsätzlich empfiehlt es sich aber, nach Möglichkeit gezielte Formulierungen zu entwickeln, weil diese oft schneller und besser wirken können.

Problem erkannt – Problem gelöst

Positives Denken kann nicht nur zur Lösung aktueller Probleme eingesetzt werden. Viel sinnvoller ist es, wenn man im Leben unabhängig von Schwierigkeiten stets positiv denkt, denn dadurch lassen sich von vornherein viele Probleme vermeiden oder rasch lösen. In jedem Fall muß man aber möglichst genau erkennen, wogegen sich die positiven Gedanken überhaupt richten sollen, sonst bleiben sie zu unklar und ungezielt. Ein Beispiel aus der Praxis soll das veranschaulichen.

Fall 7:

Peter G. kam nicht zur psychologischen Beratung, weil er unter akuten Lebensproblemen litt. Er fühlte sich ganz einfach allgemein unwohl in Gesellschaft anderer Menschen, machte kaum den Mund auf, obwohl er schon gerne etwas zum Gespräch beigetragen hätte, und neigte deshalb immer mehr dazu, sich von den anderen zurückzuziehen. Regelrechten Leidensdruck verspürte er dadurch nicht, aber er machte sich allmählich doch Sorgen und fürchtete gar, er sei nicht ganz »normal«.

Zunächst ging es in diesem Fall darum, die sozialen Schwierigkeiten des Patienten genau zu analysieren. Da er selbst keine Ahnung davon hatte, fiel das schwer und erforderte zahlreiche tiefenpsychologische Gespräche. Dabei fanden wir allmählich heraus, daß der junge Mann die Menschen, mit denen er Umgang pflegte, im Grunde nicht für voll nahm, weil er ihnen auf Grund seiner Intelligenz überlegen war. Ständig lebte er in der Angst, sie könnten das bemerken und ihn dann ablehnen. Andererseits traute er sich aber auch nicht, den Kontakt zu jenen zu suchen, deren Gesellschaft ihm angemessen erschien; er stammte aus kleinen sozialen Verhältnissen und fühlte sich ihnen nicht ebenbürtig. So stand er unbewußt in einem Dauerkonflikt, den er aus eigener Kraft zunächst nicht zu lösen vermochte.

Das positive Denktraining, das der Patient erlernte, richtete sich gegen diese beiden Faktoren. Zunächst ging es darum, eine positivere Einstellung gegenüber jenen Menschen einzuüben, mit denen er normalerweise Umgang pflegte. Insbesondere erkannte Peter, daß er nicht immer nur erwarten konnte, von den anderen angenommen und geistig angeregt zu werden, sondern auch selbst etwas dazu beitragen mußte. Als er sich das ausreichend lange positiv vorgestellt hatte, entspannte sich sein Verhältnis zu seinen bisherigen Freunden und Bekannten. Er veränderte allmählich sein Verhalten, und es dauerte nicht lange, bis er in seiner Clique eine hervorragende Rolle spielte.

Nun war die Zeit für den nächsten Schritt reif. Nachdem die neuen Verhaltensweisen und sozialen Erfahrungen sein Selbstwertgefühl ausreichend gestärkt hatten, bereitete er sich durch neu formulierte positive Gedanken darauf vor, auch mit Menschen soziale Kontakte anzuknüpfen, zu denen er vorher nur aus der Ferne zu blicken wagte. Das gelang ihm bald gut, und deshalb änderte sich allmählich sein Lebenskreis, bis er sich dann auch in anderen Gruppen wohl und heimisch fühlte. Mit dieser Erfahrung verschwanden dann endgültig die Ursachen seiner sozialen Probleme.

Dieser Fall veranschaulicht, wie man auch ohne aktuelle Schwierigkeiten zukünftige mögliche Probleme rechtzeitig erkennen und durch positives Denken vermeiden kann. Natürlich wird eine genaue Analyse noch viel wichtiger, wenn akute Probleme vorliegen, die durch positives Denken überwunden werden sollen.

Es gibt kein »Rezept« für die Problemanalyse, das jedermann einfach pauschal übernehmen könnte. Die folgenden Fragen muß die Analyse aber möglichst genau beantworten, um das notwendige Problembewußtsein zu wecken:

- Möglichst genaue Beschreibung des Problems mit all seinen Aspekten, damit es völlig bewußt wird und Ansatzpunkte für Lösungen zu erkennen sind.

- Untersuchung der Ursachen des Problems, die allerdings nicht immer gelingt; viele Probleme stehen mit unbewußten Einflüssen in Zusammenhang, deren Wurzeln bis in die frühe Kindheit zurückreichen und längst verdrängt wurden. Zum Teil kommen auch solche Ursachen wieder zu Bewußtsein, während man sich mit dem Problem befaßt, teils bleiben sie aber auch im Unbewußten. Zur positiven Selbstbeeinflussung ist es nicht unbedingt erforderlich, alle unbewußten Faktoren zu erkennen, weil die positiven Vorstellungen sich unabhängig davon im Unbewußten durchsetzen können. Im Einzelfall kann es aber auch einmal angezeigt sein, solche verdrängten Faktoren unter fachmännischer Anleitung aufzuarbeiten.

● Genaues Erkennen der Auswirkungen eines Problems im täglichen Leben, das mit zum Problembewußtsein beiträgt und
ebenfalls Ansätze zur positiven Selbstbeeinflussung bietet; das
positive Denken muß sich nämlich nicht unbedingt direkt gegen
die Ursachen des Problems richten, sondern kann auch seine
Folgen beeinflussen, weil sich durch eine Veränderung des äußeren Verhaltens dann allmählich oft auch eine innere Veränderung einstellt.

Die Problemanalyse hat also die Aufgabe, die Möglichkeiten zur
positiven Veränderung von Problemen aufzuzeigen. Danach werden dann die gezielten positiven Vorstellungen formuliert.

▶ Wenn man bei dieser Analyse mehrere Probleme entdeckt, müssen sie nach ihrer Bedeutung geordnet werden. Es empfiehlt sich
nämlich nicht, alle Probleme auf einmal durch positives Denken
lösen zu wollen.

Das führt meist nur dazu, daß die einzelnen positiven Vorstellungen derart abgeschwächt werden, daß man überhaupt keine Wirkung mehr erlebt.
Am besten fährt man, wenn man sich nur auf ein einziges Problem
konzentriert und erst nach dessen Lösung zum nächsten übergeht.
Auch bei zwei Problemen lassen sich durch eine kombinierte Vorstellung oft noch gute Ergebnisse erzielen, aber schon bei drei Problemen wird die Wirkung fraglich.
Bei mehr als drei Problemen, die gleichzeitig beeinflußt werden
sollen, erzielt man in der Regel keine ausreichende Wirkung mehr.
Wenn es tatsächlich einmal dringend erforderlich erscheint, mehrere Probleme gleichzeitig zu beeinflussen, versucht man am besten, keine gezielten Einzelvorstellungen zu verwenden, sondern
Generalformeln, die das gesamte Seelenleben derart umstimmen,
daß es die einzelnen Probleme dann aus eigener Kraft überwinden
kann.

▶ Oft kann man den einzelnen Problemen aber auch unterschiedli-
che Prioritäten zuweisen. Dazu legt man sich am besten eine
Liste mit den Problemen an, auf der sie nach ihrer praktischen
Bedeutung geordnet werden. An erster Stelle steht dann das
Hauptproblem, gegen das man zunächst gezielt und konzen-
triert durch entsprechende Vorstellungen vorgeht.

Sobald sich nach einigen Wochen oder Monaten die Wirkung ein-
gestellt hat, geht man das nächste Problem an. So fährt man fort, bis
durch positives Denken alle Probleme überwunden wurden. Das

dauert zwar einige Zeit, aber Probleme entstehen ja häufig auch erst im Verlauf einer langen Entwicklung und lassen sich deshalb nicht von heute auf morgen beseitigen.

Entwicklung bildhafter Vorstellungen

Bilder sind die »Sprache« unseres Unbewußten. Das erlebt man besonders deutlich im Traumschlaf, bei dem Inhalte des Unbewußten bildhaft zum Vorschein kommen. Deshalb wirkt das positive Denken desto besser, je bildhafter man sich die Vorstellungen einprägen kann.

Manchen Menschen gelingt es leicht, bildhafte Vorstellungen zu entwickeln, andere neigen zu nüchtern-verbalem Denken und tun sich mit den bildhaften Vorstellungen sehr schwer. Aber das bildhafte Denken läßt sich trainieren. Dabei helfen die folgenden einfachen Übungen, die mindestens einmal täglich durchgeführt werden sollten. Sie sind nicht an das Training der positiven Gedanken gebunden, zweckmäßig ist es aber doch, sie zur Vorbereitung vor der Entspannung anzuwenden, um die Vorstellungskraft zu steigern.

Ob Sie ständig die gleiche Übung mit wechselnden Objekten verwenden oder nach und nach alle der nachstehenden Übungen, spielt keine Rolle. Abwechslungsreicher wird das Training aber, wenn verschiedene Übungen durchgeführt werden.

ÜBUNG 1:

> Legen Sie vor sich auf den Tisch einen beliebigen Gegenstand. Diesen betrachten Sie zwei Minuten lang intensiv, schließen dann die Augen für 30 Sekunden und stellen sich den Gegenstand bildhaft vor. Danach öffnen Sie die Augen wieder und versuchen, den Gegenstand nach Ihrer inneren Vorstellung so genau wie möglich nachzuzeichnen. Natürlich darf das Objekt dabei nicht mehr auf dem Tisch liegen, sonst besteht die Gefahr, daß Sie – ohne es zu wollen – immer wieder darauf schauen und so das Ergebnis beeinflussen. Erst wenn die Zeichnung fertiggestellt ist, vergleichen Sie sie mit dem Gegenstand.
>
> Anfangs wird die Zeichnung wahrscheinlich noch viele Details vermissen lassen, aber je häufiger Sie üben, desto mehr entspricht sie schließlich dem tatsächlichen Objekt. Dann wählen Sie zum Üben einen neuen Gegenstand aus oder gehen zu einer anderen Übung weiter.

Setzen Sie sich bequem nieder, schließen Sie kurz die Augen, um sich zu sammeln, öffnen Sie dann die Augen wieder, und betrachten Sie 30 Sekunden lang ganz intensiv und konzentriert einen Gegenstand in Ihrer Umgebung, der sich ungefähr zwei bis drei Meter entfernt befinden sollte. Prägen Sie sich möglichst viele Einzelheiten des Objekts ein.

Nun schließen Sie wieder die Augen und stellen sich ganz konzentriert diesen Gegenstand vor. Anfangs fällt das vielen Menschen schwer, weil sich immer wieder andere Gedanken dazwischenschieben. Aber durch ständiges Training entwickelt sich das Bild immer deutlicher vor Ihrem geistigen Auge. Wenn Sie es ganz klar und deutlich in allen Einzelheiten wahrnehmen, öffnen Sie die Augen wieder und vergleichen Ihre Vorstellungen mit dem wirklichen Objekt.

Führen Sie diese Übung jedesmal mit dem gleichen Objekt fünfmal hintereinander mit kurzen Pausen durch. Wahrscheinlich wird das innere Bild dadurch immer deutlicher. Wenn es nach einiger Zeit nicht mehr verbessert werden kann, wählen Sie zum weiteren Training entweder einen neuen Gegenstand, mit dem Sie in gleicher Weise üben, oder trainieren Ihre Vorstellungskraft nach einer anderen Übung weiter.

ÜBUNG 3:

Setzen Sie sich bequem vor den Tisch, und stellen Sie in etwa 1 m Abstand eine brennende Kerze so darauf, daß sich die Flamme in Augenhöhe befindet. Nun betrachten Sie eine Minute lang konzentriert die ruhig brennende Flamme (Luftzug vermeiden, bei Bedarf vorher den Docht reinigen), schließen dann die Augen und stellen sich die Flamme anfangs 30 Sekunden lang vor dem geistigen Auge vor. Dann öffnen Sie die Augen wieder und vergleichen Ihre Vorstellung mit der Flamme.

In den folgenden Tagen steigern Sie die innere Betrachtung der Flamme allmählich auf fünf Minuten. Sobald es Ihnen gelingt, das Bild der Flamme fünf Minuten intensiv vor dem inneren Auge wahrzunehmen, können Sie zu einer anderen Übung weitergehen. Ab und zu sollten Sie die Übung 3 wieder einmal für einige Tage bis Wochen durchführen, denn sie gehört zu den wirksamsten und leitet bei Geübten bereits die Entspannung ein.

Diese Übung arbeitet mit abstrakten Begriffen und fällt deshalb nicht immer leicht. Da sie neben der Vorstellungskraft aber gleichzeitig das Denkvermögen mit trainiert, unterstützt sie das positive Denken. Es geht darum, sich abstrakte Begriffe bildhaft vorzustellen, zum Beispiel verschiedene Gefühle, den Frieden, die Gerechtigkeit oder das Glück.

Wählen Sie zum Training einen beliebigen abstrakten, positiven Begriff aus, und stellen Sie sich dann vor, wie er sich im Alltag auswirkt. Anfangs tauchen dazu wohl nur wenige Bilder auf, allmählich entsteht bei regelmäßigem Training aber eine ganze Kette positiver Vorstellungen, die den Begriff anschaulich in allen Einzelheiten ausmalen.

Wenn Ihnen zu einem Begriff keine Bilder mehr einfallen, gehen Sie zu einem anderen über und erarbeiten auch dazu wieder möglichst viele bildhafte Vorstellungen. Es gibt unzählige Begriffe, mit denen man in dieser Weise trainieren kann. Die Übung eignet sich deshalb auch gut zum dauernden Training der Vorstellungskraft.

★

Die Übungen 1 bis 4 tragen nicht allein zum positiven Denken bei, sondern können auch im Alltag bei der Lösung vieler Probleme helfen. Es lohnt sich auch deshalb, das bildhafte Vorstellungsvermögen auf diese Weise zu verbessern.

Dank dieser Vorübungen gelingt es im allgemeinen gut, positive bildhafte Vorstellungen zu entwickeln.

▶ Zunächst sucht man dazu eine wörtliche Formel, die man sich dann möglichst plastisch auszumalen versucht. Erst wenn das problemlos gelingt, kann sie zur Übung verwendet werden, andernfalls muß man die Formulierung so lange variieren, bis sich eine zufriedenstellende positive Vorstellung dazu einstellt.

▶ Die Formulierungen sollten möglichst kurz sein, damit sie sich leichter einprägen. Das fällt auf Anhieb nicht immer leicht, aber wenn man die Formel bearbeitet, wird man schließlich zu einer knappen Vorstellung gelangen, die trotzdem alles ausdrückt, was man damit erreichen will. Falls gleichzeitig zwei Probleme beeinflußt werden sollen, hat es sich in der Praxis gut bewährt, wenn man versucht, die beiden Formulierungen in Reimform zu bringen, weil sie sich dann am besten einprägen.

▶ Unbedingt notwendig ist es auch, realistische Formulierungen zu finden. Anders ausgedrückt: Man kann auch durch positives Denken nichts erreichen, was außerhalb der Möglichkeiten und Fähigkeiten liegt (das Ziel positiven Denkens besteht ja nicht zuletzt in der Selbstverwirklichung).

Wer zum Beispiel vollkommen unmusikalisch ist, kann sich noch so oft positiv vorstellen »ich werde ein virtuoser Geiger«, er erreicht das nie, weil dazu die Grundvoraussetzungen fehlen. Überprüfen Sie deshalb immer, ob das, was Sie erreichen wollen, auch tatsächlich möglich ist. Zwar muß man keine Gefahren befürchten, wenn man sich unrealistisch beeinflußt hat, aber das Vertrauen in die Macht des positiven Denkens könnte durch solche Erfahrungen verlorengehen. Dann erreicht man auf diese Weise vielleicht auch das nicht mehr, was im Bereich des Möglichen liegt.

Schließlich müssen die Vorstellungen auch noch positiv und zukunftsweisend formuliert werden. Dabei können viele Fehler unterlaufen, die dann den Erfolg des Trainings in Frage stellen. An einem Fallbeispiel soll das verdeutlicht werden.

Fall 8:

Hanna T. hatte sich redlich bemüht, ihre Angst durch positives Denken zu überwinden. Jeden Tag stellte sie sich konsequent dreimal vor: »Ich bin ganz frei von jeder Angst.« Das Ergebnis: Ihre Angstzustände hatten sich im Verlauf des Trainings weiter verschlimmert.

Ich erklärte ihr die beiden ersten Kardinalfehler ihrer Vorstellung, die auf den ersten Blick doch recht positiv erschien. Tatsächlich führte die häufige Wiederholung des Wortes Angst in dieser Formel dazu, daß ihr erst richtig bewußt wurde, wie stark sie unter Ängsten litt. Dieser negative Effekt verfestigte die Angst und verstärkte sie allmählich, denn die Formulierung »ich bin ganz frei ...« war auch untauglich, um die Kräfte des Unbewußten gegen die Angst zu aktivieren. Diese Vorstellung enthielt einen Selbstbetrug, weil er sich auf die Gegenwart bezog, in der Hanna ja noch unter spürbarer Angst litt. Deshalb registrierte ihr Unbewußtes jeden Angstanfall, der trotz der »positiven« Gedanken auftrat, als Mißerfolg und Beweis dafür, daß sie es doch nicht aus eigener Kraft schaffen konnte.

Natürlich ging dadurch auch ihr Vertrauen in das positive Denken verloren. Deshalb wollte sie zunächst auch nichts mehr davon hören. Nachdem sie aber die beiden Fehler verstanden hatte, kehrte auch ihr Glauben wieder zurück. Sie begann mit der neuen Formulierung »Angst wird von Tag zu Tag gleichgültiger« und schaffte es damit bald ohne langwierige Analyse der Ursachen ihrer Angst, endlich darüber hinwegzukommen.

► Die Formulierung positiver Gedanken erfordert also gründliche Vorüberlegungen und darf niemals überstürzt werden. Wenn man eine Vorstellung gefunden hat, die gefällt und das Problem trifft, sollte man sie zunächst sorgfältig und kritisch unter Beachtung der hier erklärten Grundsätze überprüfen und bei Bedarf solange abändern, bis sie alle Voraussetzungen optimal erfüllt.

Beispiele für Formulierungen bei den verschiedenen Anwendungsgebieten des positiven Denkens finden Sie später im Kapitel »Glücklicher leben durch positives Denken« (vgl. S. 84 ff.). Sie können die dort vorgeschlagenen Formulierungen übernehmen, wenn sie gefallen.

Coués Generalformeln für alle Fälle

Grundsätzlich sollte jedes Problem durch gezielte positive Vorstellungen beeinflußt werden. Das läßt sich allerdings nicht immer verwirklichen. Manche Probleme können nicht genau eingekreist werden, in anderen Fällen bestehen gleichzeitig mehrere Probleme, die möglichst rasch überwunden werden sollen, was aber wegen der empfohlenen Beschränkung auf zwei bis höchstens drei Einzelformeln nicht gelingt. In solchen Fällen empfiehlt sich ein Versuch mit dem *Couéismus*.

Entwickelt wurde diese Technik von dem französischen Apotheker und Psychotherapeuten EMILE COUÉ (1857–1926). Er schuf zwei Generalformeln, die man miteinander verknüpfen kann; sie lauten in der vom Autor aus praktischer Erfahrung leicht abgewandelten Form:

> »Von Tag zu Tag, in jeder Hinsicht, geht es mir besser und besser, alles Böse, alles Unangenehme, das geht vorbei, das geht vorbei.«

Da die Generalformeln absichtlich sehr allgemein gehalten sind, aktivieren sie ungezielt alle Selbstheilungs- und Widerstandskräfte von Körper, Geist und Seelenleben zur Überwindung von Erkrankungen und zur allgemeinen Lebenshilfe.

Coués Generalformeln gingen Anfang des 20. Jahrhunderts um die ganze Welt und überzeugten durch ihre Wirksamkeit. Kritiker wandten allerdings dagegen ein, daß sich die Formulierungen zu wenig am Einzelfall orientierten und deshalb die Gefahr bestände, eine Krankheit zu lange zu verschleppen. Aber dieses Risiko besteht praktisch bei jeder Form der Selbsthilfe und läßt sich vermeiden (mehr dazu im Kapitel »Verschleppung von Krankheiten«, vgl. S. 80).

Deshalb kann der Couéismus mit seinen Generalformeln bei unklaren, vielschichtigen, gezielt nur schwer zu beeinflussenden Störungen oft überraschend schnell wirken. Ein Versuch mit dieser Methode, die neuerdings auch wieder mehr Anhänger findet und zusammen mit der einleitenden Entspannung auch auf Tonkassette erhältlich ist (vgl. S. 45), lohnt sich bestimmt.

Der folgende Fall aus der Praxis veranschaulicht die im Einzelfall überraschend gute Wirkung der einfachen Generalformeln.

Fall 9:

»Ich habe mich wirklich bemüht, meine Probleme genau zu umreißen und gezielte positive Vorstellungen dagegen zu formulieren«, berichtete Jörg V. »Bei einzelnen Schwierigkeiten habe ich dadurch auch wirklich eine Verbesserung erreicht, aber insgesamt hat sich an meinem Zustand wenig geändert. Mir werden immer mehr Einzelprobleme bewußt. Wenn ich die alle nach und nach bewältigen muß, dauert das ja endlos lang.«

Solche Einwände gegen die gezielte Arbeit an den persönlichen Schwierigkeiten hört man nicht selten. Dabei übersehen die Betroffenen, daß positive Selbstbeeinflussung im Grunde eine Lebensaufgabe darstellt. Man kann sie eigentlich nie abschließen, weil es immer wieder Ansatzpunkte für positive Suggestionen gibt. Und sie vergessen auch, daß die Lösung einzelner Probleme zu einer Art »Erdrutsch« führen kann, der die seelischen Selbstheilungskräfte so stark aktiviert, daß sie ohne zusätzliche Vorstellungen auch die anderen Probleme beseitigen können. Andererseits kann man aber auch verstehen, daß viele der Betroffenen ungeduldig werden, wenn sie sich die Schwierigkeiten vergegenwärtigen, die noch auf eine Lösung warten. In solchen Fällen bietet sich der Couéismus mit seinen Generalformeln an.

Trotz seiner Skepsis gegen die allgemeinen Formulierungen ließ sich auch Herr V. schließlich davon überzeugen, daß ein Versuch nicht schaden könnte. Schon nach kurzer Zeit zeigte sich, wie nützlich diese Entscheidung war. »Ich merke tatsächlich, daß alle meine Probleme an Gewicht verlieren«, erklärte er, »auch die, gegen die ich überhaupt keine gezielten Vorstellungen eingeprägt habe. Alles fällt mir jetzt leichter und ich spüre in mir genug Kraft, um mit allen Schwierigkeiten fertig zu werden.«

Es dauerte nicht mehr lange, bis Herr V. durch Coués Generalformeln alle wichtigen Schwierigkeiten, die vorher sein Leben belasteten, vollends bewältigt hatte. Seine restlichen Probleme belasten ihn nicht mehr nennenswert, aber er fährt weiterhin mit dem Training des positiven Denkens fort. Dazu bedient er sich jetzt gezielter Formulierungen, die im Lauf der Zeit ihre Wirkung sicherlich nicht verfehlen werden. Das *Coué*-Training behält er daneben nach wie vor bei, weil er auf seine günstige Wirkung nicht verzichten will.

Einprägung der positiven Gedanken

Positive Gedanken, gleichgültig, ob sie gezielt formuliert oder als Generalformeln angewendet werden, wirken niemals sofort. Das Unbewußte benötigt einige Zeit, um sie aufzunehmen und zu verwirklichen. Deshalb müssen die Formeln konsequent und regelmäßig eingeprägt werden, bis sie im täglichen Leben automatisch, also ohne vorherige Überlegung, das Denken, Handeln und Verhalten deutlich bestimmen.

▶ Die Technik der Einprägung ist denkbar einfach. Die Formulierungen müssen ausreichend oft wiederholt werden, denn alles, was man sich in der Entspannung genügend lange und oft im Geiste wiederholt, findet schließlich den Weg ins Unbewußte, wird aufgenommen und verwirklicht sich.

Aus praktischer Erfahrung wissen wir, daß es im Durchschnitt sechs bis acht Wochen dauert, ehe sich die positiven Vorstellungen spürbar verwirklichen. Im Einzelfall kann es aber auch wesentlich länger dauern, das hängt unter anderem von der Persönlichkeit und der Schwere des zu beeinflussenden Problems ab. Geduld beim Üben zahlt sich immer aus, denn selbst wenn Monate – im Extremfall sogar ein Jahr oder mehr – vergehen, ohne daß sich eine Wirkung zeigt, setzen sich richtig formulierte und eingeprägte Gedanken praktisch immer durch.

Bei jeder Übung (also zwei- bis dreimal täglich) prägt man sich die positiven Vorstellungen ein, sobald die tiefe Entspannung erreicht wurde. In der Regel genügt es, wenn man sich die Formeln ungefähr dreißigmal wiederholt; erst danach wird dann die Entspannung zurückgenommen. Übertreiben darf man nicht mit den Wiederholungen, auch wenn es im schwierigen Einzelfall sinnvoll sein kann, die Formeln bis zu fünfzigmal pro Übung einzuprägen. Bei »Überdosierung« der positiven Vorstellungen werden unter Umständen innere Widerstände geweckt und hemmen oder verhindern den Erfolg. Deshalb übt man besser dreimal täglich mit je 30 Wiederholungen als ein- bis zweimal mit 60 oder mehr Wiederholungen der Vorstellungen.

Sobald sich ein positiver Gedanke im Alltag automatisch erfüllt, kümmert man sich nicht mehr weiter darum, sondern geht zu einer anderen positiven Vorstellung über. Die Generalformeln des Couéismus eignen sich auch zum dauernden Gebrauch, um dem Leben insgesamt eine positive Wendung zu geben.

Die Formeln wiederholt man normalerweise im Geiste. Bei manchen Menschen wirken sie allerdings besser, wenn sie leise gemurmelt werden. Wer nach einer Tonkassette trainiert, spricht die Vorstellungen im Anschluß an die Entspannungsformeln auf das Band und hört sie mit oder ohne Kopfhörer ab.

POSITIVES MENTALES TRAINING

Im weiteren Sinn gehört auch das positive mentale Training zum positiven Denken. Bekannt wurde es vor allem durch seine Anwendung bei Sportlern. Abfahrtsläufer und Skispringer trainieren zum Beispiel nach dieser Methode, indem sie sich im Geiste jede einzelne Phase eines Wettkampfs ausmalen. Sie nehmen dadurch praktisch die ganze Strecke eines Slalomlaufs oder den Sprung von der Skischanze in allen Einzelheiten positiv so in sich auf, daß sie sich später in der realen Wettkampfsituation automatisch richtig verhalten.

Diese Form der Vorbereitung auf bestimmte Situationen muß nicht auf den Hochleistungssport beschränkt bleiben. Es gibt praktisch keine Situation, auf die man sich nicht durch mentales Training »vorprogrammieren« könnte, indem man sie sich im Geiste positiv ausmalt. Dann läuft das spätere Denken, Verhalten und Handeln automatisch richtig ab. Sogar das Lernen kann mit dieser Technik bedeutend erleichtert und beschleunigt werden.

Im Rahmen dieses Buchs ist es unmöglich, diese Sonderform des positiven Denkens ausführlich zu beschreiben. Dazu gibt es genügend ausführliche praktische Ratgeber, nach denen man mentales Training selbst erlernen kann.

Unerwünschte Nebenwirkungen des Trainings

Wenn positives Denken korrekt nach Anleitungen dieses Buchs trainiert wird, kommt es in der Regel zu keinen unerwünschten Nebenwirkungen. Im Einzelfall beobachtet man allerdings manchmal einige Reaktionen, die sich nicht mit dem Sinn der Übungen vereinbaren lassen. Meist erklären sie sich aus Übungsfehlern oder Besonderheiten der Persönlichkeit.

Im allgemeinen lassen sich solche unerwünschten Reaktionen auf das Training vermeiden oder rasch beseitigen, wenn man die Gefahr kennt. Deshalb wollen wir diese Nebenwirkungen kurz beschreiben.

ERMÜDUNG NACH DEN ÜBUNGEN

Manche Menschen fühlen sich nach dem Training noch stundenlang müde, klagen gar über Schwindel, Taubheit oder Kribbeln in den Gliedern. Erfahrungsgemäß treten solche Reaktionen bei Menschen mit niedrigem Blutdruck häufiger auf.

Die Beschwerden sind zwar immer harmlos, sofern es nicht gerade zur Ohnmacht mit Verletzungen kommt, aber sehr unangenehm. Sie erklären sich immer daraus, daß die Entspannung nicht richtig zurückgenommen wurde. Dann paßt sich die Herz-Kreislauf-Regulation nicht sofort nach beendeter Übung den Erfordernissen an, sondern führt zu den beschriebenen Symptomen.

▶ Vermeiden läßt sich die abnorme Ermüdung mit Kreislaufbeschwerden, indem man die Übungszustände jeweils richtig zurücknimmt – auch dann, wenn man glaubt, überhaupt keine Wirkung verspürt zu haben. Bei den meisten Entspannungstechniken erfolgt die Zurücknahme durch kräftiges Beugen und

Strecken der Arme und tiefes Durchatmen. Vor dem Aufstehen kann man sich dann noch kräftig dehnen, strecken und räkeln wie eine Katze, die aus dem Schlaf erwacht, um den Kreislauf »auf Trab« zu bringen. Danach fühlt man sich dann frisch, munter und wieder vollkommen wach.

Nicht erforderlich ist die Zurücknahme, wenn man durch einen Kurzschock (wie Telefon, Türglocke) aus der Entspannung aufgeschreckt wird oder beim Üben einschläft.

VERSCHLEPPUNG VON KRANKHEITEN

Positives Denken kann zwar schwerste Krankheiten überwinden, aber es wäre fahrlässig und leichtsinnig, sich allein darauf zu verlassen. Jede nicht eindeutig harmlose Erkrankung erfordert fachmännische Untersuchung und gezielte Behandlung je nach Ursachen.

Beim positiven Denken besteht die Gefahr, daß eine Krankheit zunächst scheinbar gebessert oder ganz ausgeheilt wird, weil die Gedanken die Symptome lindern oder beseitigen. Symptomfreiheit bedeutet aber noch lange keine Heilung der Ursachen. Die Erkrankung kann nach wie vor bestehen, sich verschlimmern und nach einiger Zeit erneut zu Symptomen führen. Schlimmstenfalls wurde sie so lange verschleppt, bis überhaupt keine wirksame Hilfe mehr möglich ist (zum Beispiel bei Krebs).

Auch dieses Risiko, das nicht nur für positives Denken, sondern für jede Form der Selbsthilfe gilt, läßt sich vermeiden, indem man den folgenden Grundsatz befolgt:

► Alle Beschwerden, die aus unklarer Ursache länger als einige Tage bestehen, sich allmählich verschlimmern, das Allgemeinbefinden von Anfang an stärker beeinträchtigen oder häufig wiederkehren, gehören sofort in fachmännische Behandlung. Positives Denken kann zwar auch in solchen Fällen nützlich sein, ist aber nur dann ohne Gefahr möglich, wenn der Krankheitsverlauf fachmännisch überwacht und die verordnete Therapie strikt eingehalten wird.

Wer diese eigentlich selbstverständliche Regel strikt beachtet, läuft niemals Gefahr, eine Krankheit durch positives Denken unnötig zu verschleppen, sondern kann es ohne Risiko in eigener Verantwortung als Zusatzbehandlung zur Aktivierung der Selbstheilungskräfte nutzen.

Verlagerung von Symptomen

Positives Denken und andere Methoden der Selbstbeeinflussung werden immer wieder mit dem Argument kritisiert, daß sie tatsächlich überhaupt keine Heilung bewirken, sondern nur bestehende Symptome unterdrücken. Dafür treten dann angeblich andere, zum Teil noch ernstere Beschwerden auf. Diesen Vorgang bezeichnet man als *Symptomverlagerung (-verschiebung)*.

Abgesehen davon, daß es für diese Kritik keine stichhaltigen Beweise gibt, die praktische Erfahrung sie sogar in den meisten Fällen eindeutig widerlegt, zeugt dieses Argument davon, daß sich seine Vertreter mit dem positiven Denken entweder nur oberflächlich befaßt haben oder durch Vorurteile an einem sachlichen Urteil gehindert werden. Positives Denken wirkt sich – auch wenn es sich gezielt gegen ein bestimmtes Symptom richtet – nicht allein darauf aus, sondern führt automatisch zur positiven Veränderung von Körper, Geist und Seelenleben insgesamt. Deshalb werden keinesfalls nur Symptome unterdrückt, sondern Ursachen überwunden.

Natürlich trifft es zu, daß es im Verlauf des Trainings zu neuen Beschwerden kommen kann. Sie erklären sich zum Teil daraus, daß die Betroffenen eine Krise durchmachen, die zur Heilung notwendig ist. Es kann sich aber auch um ein Symptom handeln, das völlig unabhängig vom positiven Denken in jedem Fall aufgetreten wäre. In beiden Fällen hilft das Training, auch mit diesen Schwierigkeiten fertig und am Ende vollständig geheilt zu werden.

Der folgende Fall zeigt, wie es über die Verlagerung von Symptomen allmählich zur Heilung einer seelischen Störung kommen kann.

Fall 10:

»Wenn ich durch ein Kaufhaus oder einen Supermarkt gehe«, klagte Frau Verena B., »überkommt mich zwischendurch ein unwiderstehlicher Kaufrausch.« Als selbständige Unternehmerin konnte sie sich das finanziell zum Glück zwar leisten, aber nachdem ihre Wohnung inzwischen zu einem wahren Lager für alle möglichen Gegenstände geworden war, wollte die Patientin endlich von dieser suchtartigen Kaufwut loskommen.

Nachdem wir in Vorgesprächen einige der Grundursachen abgeklärt hatten, lernte sie, dagegen durch positives Denken vorzugehen. Erstaunlicherweise trat schon innerhalb von nur einer Woche eine verblüffende Wirkung ein: Frau B. konnte gelassen ohne jedes Kaufverlangen durch jedes Kaufhaus gehen – aber nun verspürte sie einen unwiderstehlichen Drang nach Kaffee, den sie gleich literweise trank und dadurch rasch sehr nervös wurde und unter Schlafstörungen litt.

Auch dagegen versuchten wir es wieder mit positivem Denken. Die Wirkung trat erneut rasch ein. Gleichzeitg berichtete Verena aber: »Ich weiß nicht, ob es etwas zu bedeuten hat, aber seit einigen Tagen fahre ich sehr aggressiv und schnell Auto und habe auch schon zwei Strafzettel wegen zu schnellen Fahrens erhalten. Dabei war ich früher am Steuer doch immer defensiv, fast übervorsichtig.«

Positives Denken machte aus Frau B. rasch wieder eine besonnene Autofahrerin, die sich und andere nicht mehr gefährdete. Jetzt traten aber unangenehm juckende Hautausschläge auf, die vor allem das Gesicht betrafen, so daß sie sich kaum noch unter Menschen traute. Die positive Selbstbeeinflussung half dagegen wieder sehr schnell. Damit war der Einfluß der seelischen Störungen dann offensichtlich endgültig überwunden. Zwar kam es im weiteren Verlauf noch zu einer kurzen depressiven Phase, aber danach war Frau B. endgültig seelisch und körperlich frei von allen Beschwerden. Positives Denken behält sie trotzdem als tägliche Lebenshilfe bei.

Wenn Sie bemerken, daß sich im Verlauf des positiven Gedankentrainings neue Beschwerden einstellen, sollten Sie darüber mit einem Therapeuten sprechen, der über Erfahrungen mit positiver Selbstbeeinflussung verfügt. Er kann richtig beurteilen, was diese Symptome zu bedeuten haben, und bei Bedarf die notwendigen Maßnahmen verordnen.

FLUCHT AUS DER REALITÄT

Als letztes gewichtiges Argument gegen die positive Selbstbeeinflussung tragen Kritiker vor, daß sie den Rückzug von der Realität in eine Traumwelt fördert, letztlich also zur Lebensuntüchtigkeit führt. Genau das ist aber niemals ihre Absicht. Vielmehr befähigt sie die Menschen, mit der Realität wieder besser in Einklang zu kommen und ihren Ansprüchen leichter gerecht zu werden.

Die Gefahr, daß man sich im Verlauf des Trainings von der Realität zurückzieht, die Übungen also mißbraucht, kann aber nicht ganz von der Hand gewiesen werden. Manche Menschen sind dafür besonders anfällig; meist handelt es sich um die gleichen Persönlichkeiten, die auch stärker als andere alkohol-, drogen- und arzneimittelgefährdet sind. Im Training finden sie eine »Ersatzdroge«, die zwar viel unbedenklicher als der Mißbrauch der vorgenannten Suchtmittel ist, aber dennoch nicht einfach hingenommen werden kann.

Fall 11:

Auch Tina W. gehörte zu den Menschen, die positives Denken mißbrauchten, um sich aus einer Realität zu entfernen, mit der sie sich nicht abfinden wollten. Ursprünglich war sie wegen ihrer Magersucht zur Behandlung gekommen, mit der sie ihren Protest zum Ausdruck brachte. »Es ist doch schon etwas Besonderes«, meinte sie zu Beginn der Therapie, »wenn man sich beim Essen nicht so gehen läßt, sondern den Appetit beherrscht. Da fühlt man sich dann unheimlich stark.«

Das Gefühl, etwas Besonderes zu sein, besteht bei vielen Magersüchtigen, die dadurch ihre tiefverwurzelten Ängste und Minderwertigkeitsgefühle kompensieren. Zunächst wurde eine Psychotherapie eingeleitet, da positives Denken gegen die Magersucht allein nicht ausreichend erschien. Die Selbstbeeinflussung lernte Tina zusätzlich und sprach auf die Behandlung auch bald gut an. Aber je mehr sich ihr Eßverhalten normalisierte, desto gleichgültiger wurde sie gegenüber ihrer Umgebung und ihrer Zukunft. Zwar träumte sie am hellen Tag davon, wie »toll« ihr Leben von nun an verlaufen würde, aber sie rührte keinen Finger, um auch nur einen ihrer Träume zu verwirklichen. »Ich weiß, daß ich alles erreichen kann, was ich möchte«, betonte sie immer wieder, »aber wozu? Lohnt es sich denn überhaupt, etwas zu tun?«

Auch von anderen Menschen zog sie sich immer weiter zurück und drohte völlig zu vereinsamen. Eine Analyse der positiven Vorstellungen, mit denen Tina arbeitete, ergab einige falsche Formulierungen, die ihren Rückzug aus der Realität erklärten. Diese änderte sie sofort nach der Analyse, und allmählich fand die junge Frau wieder aus ihrer Traumwelt heraus und begann, ihr Leben selbständig zu gestalten. Dabei half ihr das richtige positive Denken weiterhin gut.

Träume haben wir alle – und durch positives Denken können sie zum Teil leichter verwirklicht werden. Gegen solche Träume, die Ziele setzen, bestehen auch keine Einwände, sie bereichern unser Leben. Aber sie dürfen nicht so beherrschend werden, daß man schließlich nur noch in einer Traumwelt lebt, aber nichts mehr tut, um die Träume Wirklichkeit werden zu lassen.

▶ Wenn Sie im Verlauf des Trainings feststellen, daß Sie allmählich die Beziehung zur Wirklichkeit verlieren, ziehen Sie so rasch wie möglich (solange das noch aus eigener Einsicht und Kraft möglich ist) die »Notbremse« und sprechen mit einem erfahrenen Therapeuten. Dann läßt sich das Abgleiten in den Realitätsverlust verhindern und die Anfälligkeit dafür durch gezieltes positives Denken sogar abbauen. Es kommt also entscheidend darauf an, die Gefahr rechtzeitig zu erkennen und auszuschalten, dann bleibt die Selbstbeeinflussung auch in dieser Hinsicht unproblematisch.

Glücklicher leben
durch positives Denken

Jeder Mensch definiert Glück individuell verschieden. Es gibt allerdings einige Grundvoraussetzungen dafür, die wohl jeder bejaht. Dazu gehören insbesondere körperliche und seelische Gesundheit, Leben im Einklang mit sich selbst und der Mitwelt und ausreichende Leistungsfähigkeit, die uns in die Lage versetzt, uns selbst zu verwirklichen. Positives Denken kann diese Grundlagen des glücklichen Lebens schaffen und erhalten.

Die wichtigsten Anwendungsmöglichkeiten des positiven Gedankentrainings stellen wir im folgenden Teil mit Beispielen für richtige positive Vorstellungen vor. Die Formulierungen sollen aber nur veranschaulichen, wie man die gezielten Vorsatzformeln positiv gestalten kann. Übernehmen Sie deshalb unsere Beispiele nur, wenn sie Ihnen uneingeschränkt zusagen, andernfalls sollten Sie die Formeln so lange verändern, bis sie genau für Ihre persönliche Situation passen.

Es ist unmöglich, hier alle Anwendungsmöglichkeiten des positiven Denkens vorzustellen. Sie können praktisch in jeder Situation und bei jedem Problem – auch wenn es hier nicht aufgeführt wird – durch positive Gedanken nach den Grundregeln dieses Buchs aus eigener Kraft eine Besserung herbeiführen.

GESUNDHEIT AUS DEM ICH

Zu den wichtigsten Anwendungsgebieten des positiven Denkens gehört die Erhaltung oder Wiederherstellung der körperlichen Gesundheit. Da Körper, Geist und Seelenleben eine Einheit bilden und in Wechselbeziehung zueinander stehen, wirkt sich eine Veränderung negativer Einstellungen, Erwartungen und Vorstellungen auch auf organische Krankheiten aus.

Wie diese Wirkung auf den Körper zustande kommt, ist bisher noch nicht genau bekannt, aber nach aller praktischen Erfahrung bestehen keine begründeten Zweifel daran. Arzneimittel zur gezielten Behandlung körperlicher Erkrankungen werden durch positives Denken aber nicht überflüssig, sondern müssen stets konsequent nach Verordnung eingenommen werden. Ihre Wirkung läßt sich aber durch die begleitenden seelisch-geistigen Veränderungen beschleunigen und verstärken. Die positiven Gedanken bilden gewissermaßen die Basistherapie und schaffen die günstigen Voraussetzungen für die vollständige Heilung.

Aktivierung des »inneren Arztes« gegen alle Krankheiten

Die Natur stattete uns mit einem hochwirksamen System verschiedener Abwehrregulationen gegen alle möglichen Krankheitsursachen aus. Ohne diese Körperabwehr wäre die Menschheit vermutlich längst ausgestorben, denn wir leben zum Beispiel in einem wahren Meer von Krankheitserregern.

Die Ärzte der Antike bezeichneten diese Abwehrregulationen als den »inneren Arzt« und gingen bescheiden davon aus, daß keine Krankheit durch ärztliche Kunst zu heilen ist, wenn die Abwehrfunktionen nicht dazu beitragen. Die moderne Schulmedizin meinte zwar in maßloser Selbstüberschätzung, auf die Selbstheilungskräfte des Körpers verzichten und Krankheiten durch chemische Medikamente »reparieren« zu können, aber dieser Versuch mißlang und wurde oft mit dem Risiko ernster Nebenwirkungen bezahlt. Deshalb bemüht man sich heute wieder vermehrt, die Körperabwehr* gründlicher zu erforschen und zur erfolgreicheren und risikoärmeren Therapie zu nutzen.

Es gibt verschiedene Möglichkeiten, um die Abwehrfunktionen zu aktivieren und Erkrankungen zu vermeiden oder zu behandeln. Pflanzliche und homöopathische Arzneimittel gehören ebenso dazu wie vollwertige Ernährung und regelmäßige Abhärtung. Das positive Denken aber wird weitgehend vernachlässigt, obwohl es maßgeblich dazu beitragen kann, die Selbstheilungsregulationen anzuregen. Zwar wissen wir noch nicht genau, wie diese Wirkung zustande kommt, aber sie kann nicht mehr angezweifelt werden.

---

* Dem interessierten Leser empfehlen wir hierzu »Abwehrkräfte stärken – gesund bleiben« (Bd. 616), erschienen im Humboldt-Taschenbuchverlag, München.

Positives Denken setzt man am besten regelmäßig ein, um eine geistig-seelische Umstimmung zu erreichen, die Krankheiten vorbeugt. Es ist aber auch dann nicht zu spät, mit dem Training zu beginnen, wenn bereits eine Erkrankung vorliegt. Auch dann gelingt es noch, den »inneren Arzt« so anzuregen, daß er mit zur Heilung der Krankheitsursachen beiträgt.

Einzelne Heilanzeigen

Die körpereigenen Selbstheilungsregulationen, die durch das positive Denken aktiviert werden, wirken praktisch gegen jede Krankheit, und sei sie noch so schwer. Aus Erfahrungen in der Praxis kennen wir aber einige wichtige Anwendungsgebiete, bei denen sich positives Denken besonders gut bewährt. Dazu stellen wir jetzt geeignete Formulierungen vor. Sie können diese sofort zum Training übernehmen, wenn sie Ihnen persönlich zusagen. Andernfalls arbeiten Sie die Beispiele individuell um. Sobald Sie völlige innere Übereinstimmung mit einer Formulierung erreicht haben, prägen Sie sich diese nach den Anleitungen des vorliegenden Buchs so lange ein, bis sie für Sie dauerhaft Wirklichkeit geworden ist.

▶ Vorsorglich weisen wir nochmals darauf hin, daß alle nicht offensichtlich harmlosen Erkrankungen unbedingt unter fachmännischer Verlaufskontrolle behandelt werden müssen. Positives Denken genügt nicht immer, unterstützt aber in jedem Fall die anderen Heilverfahren.

Bluthochdruck

Der weit verbreitete Bluthochdruck ist nicht genau definiert. Man kann aber davon ausgehen, daß ab Werten von 150-160 *systolisch**
und 90-95 *diastolisch*** unbedingt behandlungsbedürftiger Hochdruck besteht, der bei längerer Dauer zu ernsten Folgekrankheiten (vor allem Arterienverkalkung, Herzinfarkt, Schlaganfall und Nierenschäden) führen kann. Ideal sind Blutdruckwerte um 120–130/ 80–85 auch im höheren Alter.

---

* **systolisch,** die *Systole* betreffend (**Systole:** Zusammenziehung des Herzmuskels).
** **diastolisch,** die *Diastole* betreffend (**Diastole:** das Auseinanderziehen des Herzmuskels).

Je früher die Therapie des Hochdrucks beginnt, die notfalls lebenslang konsequent durchgeführt werden muß, desto sicherer lassen sich Folgeschäden vermeiden. Deshalb sollte man den Blutdruck regelmäßig kontrollieren lassen oder selbst messen. Eine sichere Diagnose ist allerdings erst aus mehreren Meßergebnissen möglich, weil der Blutdruck im Lauf des Tages natürlichen Schwankungen unterliegt und erfahrungsgemäß schon die mit dem Arztbesuch verbundene Aufregung allein eine Erhöhung um 10–30 Punkte bewirken kann.

Zu hoher Blutdruck entsteht aus unterschiedlichen Ursachen. Zum Teil erklärt er sich aus rein organischen Gründen, zum Beispiel Arterienverkalkung (die umgekehrt durch den Hochdruck verschlimmert wird), Nierenleiden oder hormonellen Störungen. Heute spielen aber besonders häufig auch seelisch-nervöse Faktoren eine Rolle; es scheint, daß viele Hypertoniker ständig unter innerer Hochspannung stehen und ihre Aggressionen unterdrücken. Das führt zur Gefäßverkrampfung, die den Blutdruck erhöht.

Unabhängig von den Ursachen des Hochdrucks helfen Vorstellungen von Ruhe und Gelassenheit gut. Zum Teil genügen sie allein, um den Blutdruck dauerhaft zu normalisieren, zumindest ergänzen sie aber die medikamentöse Behandlung und können riskante chemische Arzneimittel auf Dauer überflüssig machen (das darf aber nur der Therapeut entscheiden).

Die folgenden positiven Gedanken haben sich bei hohem Blutdruck gut bewährt:

> »Immer und überall Ruhe und Gelassenheit –
>
> ich bleibe ganz locker, behaupte mich mit kühlem, klarem Kopf.
>
> Ruhe und Gelassenheit sind wichtig –
>
> Aggressionen (Wut, Zorn) vollkommen gleichgültig.«

▶ Darüber hinaus muß eine salzarme Ernährung eingehalten, strikt auf das Gefäßgift Nikotin verzichtet (dabei hilft positives Denken auch) und für ausreichende regelmäßige Bewegung an der frischen Luft gesorgt werden, um den Hochdruck zu beherrschen.

Das Herz ist zwar nur eine Pumpe, nicht der Sitz der Seele, wie man früher annahm, dennoch reagiert es auf negative Gedanken und andere seelische Einflüsse sehr empfindlich.

Als Folgen treten Beklemmung, Enge- und Druckgefühl in der Herzgegend, spürbarer Herzschlag, zum Teil Zwischenherzschläge außer der Reihe (*Extrasystolen*) und Angstgefühle, die scheinbar direkt aus dem Herzen kommen, und andere unklare Symptome auf.

Alle diese Funktionsstörungen müssen zunächst vom Therapeuten untersucht werden, denn nur er kann erkennen, ob es sich tatsächlich um seelisch-nervöse Beschwerden oder um eine organische Herzkrankheit handelt, die natürlich unterschiedlich behandelt werden müssen.

Auch wenn hinter den Symptomen »nur« seelisch-nervöse Faktoren stehen, darf man sie nicht auf die leichte Schulter nehmen. Abgesehen davon, daß solche Beschwerden zum Teil stärker als bei organischen Herzleiden ausfallen können, droht im Lauf der Zeit der Übergang in einen organischen Herzschaden. Nur frühzeitige Diagnose und Therapie kann das zuverlässig verhindern.

Positives Denken empfiehlt sich vor allem bei seelisch-nervösen Herzbeschwerden, aber auch bei organischen Herzleiden kann es zur ergänzenden Therapie nach Absprache mit dem Fachmann angewendet werden.

Gut eignet sich zum Beispiel folgende Vorstellung:

»Ich bleibe immer und überall ruhig und gelassen –

Herz schlägt ruhig und gleichmäßig – ich achte nicht darauf.«

▶ Mit solchen Vorstellungen für das Herz ist aber Vorsicht geboten, weil es unter Umständen zu unerwarteten Reaktionen kommen kann. Wenn also beim Üben Beschwerden auftreten oder sich verschlimmern, war die Formulierung nicht gelungen und muß vor weiteren Übungen mit dem Therapeuten besprochen werden.

Ein Infarkt tritt nie aus heiterem Himmel auf, auch wenn es so scheinen mag. Wochen bis Monate vorher kündigt er sich durch unklare Warnzeichen an, das erhöhte Infarktrisiko läßt sich meist sogar noch wesentlich früher durch fachmännische Untersuchung nachweisen. In der Regel bleibt also genügend Zeit, um den akut lebensbedrohlichen Infarkt zu vermeiden, wenn man sich spätestens ab dem 35. bis 40. Lebensjahr mindestens einmal jährlich gründlich untersuchen läßt und dann bei entsprechenden Befunden die praktischen Konsequenzen zieht.

Es würde den Rahmen dieses Buchs sprengen, alle möglichen Infarktrisiken aufzuführen. Neben Verkalkung der Herzkranz- (Koronar-) gefäße und Bluthochdruck spielen oft Streß und seelische Faktoren eine sehr wichtige Rolle. Zum Infarkt kann es auch allein durch psychische Einflüsse kommen, wenn sich dadurch die Koronararterien so verkrampfen, daß die dahinter befindlichen Herzabschnitte kein Blut mehr erhalten und absterben. Häufig wirken aber organische und seelisch-nervöse Ursachen zusammen.

Man geht heute davon aus, daß bei einer bestimmten Persönlichkeitsstruktur häufiger ein Infarkt entsteht. Die Betroffenen neigen dazu, den Streß regelrecht zu suchen, sich immer mehr Aufgaben aufzubürden, um ihren übersteigerten Ehrgeiz zu befriedigen, und häufig kommen wie beim Bluthochdruck auch noch unterdrückte oder offene Aggressionen hinzu. Gegen diese Ursachen kann man durch positives Denken gut angehen.

Folgende Formulierung eignet sich dazu gut:

> »Immer und überall Ruhe und Gelassenheit; ich behalte stets einen kühlen, klaren Kopf – Leistung und Aggressionen (Wut, Zorn) völlig gleichgültig – ich schaffe alles leicht und locker.«
>
> »Ich bleibe stets ruhig, gelassen, frei und locker, alles gelingt leicht – Herz schlägt ruhig, gleichmäßig und unbemerkt.«

▶ Natürlich müssen solche positiven Vorstellungen durch andere Maßnahmen ergänzt werden, um das Infarktrisiko umfassend zu vermindern. Dazu gehören gesunde, fettarme Ernährung, Abbau von Übergewicht, ausreichend Bewegung und die bei Bedarf vom Therapeuten verordnete medikamentöse Therapie.

Eine zentrale Rolle in der Infarktvorsorge spielt das »Anti-Streß-Mineral« *Magnesium*, das zusammen mit positivem Denken Nervensystem und Seelenleben harmonisiert. Seine Bedeutung für die Infarktvorsorge wird daran deutlich, daß bei rund 80% aller Infarktpatienten Magnesiummangel besteht.

Sinngemäß gilt alles, was hier zur Vorbeugung des ersten Infarkts gesagt wurde, auch zur Infarktnachsorge, also nach einem überstandenen Herzinfarkt. Dem kommt größte Bedeutung zu, weil mit jedem weiteren Infarkt die Gefahr des tödlichen Ausgangs zunimmt.

Magen- und Zwölffingerdarmgeschwüre

Die Schleimhaut des Magens und des unmittelbar folgenden Zwölffingerdarms schützt sich selbst vor dem Angriff der Verdauungssäfte. Wenn dieser Schutz gestört wird, kann es zu Geschwüren in der Schleimhaut kommen. Bei Magengeschwüren tragen dazu praktisch immer seelisch-nervöse Faktoren bei, Zwölffingerdarmgeschwüre entstehen häufig ebenfalls durch solche Ursachen. Die vollständige Heilung gelingt deshalb oft nicht allein durch Arzneimittel, sondern erst dann, wenn durch positives Denken auch die psychischen Ursachen überwunden wurden.

Die Formulierungen richten sich nach den persönlichen Lebensumständen; hauptsächlich müssen übermäßiger Streß, ständige Konflikte und ähnliche negative Einflüsse beseitigt werden. Dazu eignet sich die Grundvorstellung von Ruhe und Gelassenheit am besten. Zusätzlich erzeugt man durch entsprechende Vorstellungen in der Magengegend ein angenehmes Wärmegefühl, das gezielt zur Heilung beiträgt.

Die folgende Formel hat sich in der Praxis gut bewährt:

> »Immer und überall Ruhe und Gelassenheit –
>
> Magengegend (oder Bauch, Leib) wohltuend warm.«

▶ Die Wärmevorstellung beeinflußt auch die Schmerzen günstig. Bei starken Schmerzen, die hauptsächlich nüchtern, bei Magengeschwüren außerdem bald nach den Mahlzeiten, bei Zwölffingerdarmgeschwüren erst zwei bis vier Stunden später auftreten, hilft zusätzlich die Indifferenzformel »Magen- (oder Bauch-, Leib-)schmerzen vollkommen gleichgültig«.

Diese Vorstellung hängt man an die Wärmevorstellung im Bauch an. Sie lindert den Schmerz meist gut, aber das darf selbstverständlich nicht mit Heilung verwechselt werden. Die vom Therapeuten gezielt verordneten Arzneimittel müssen bis zur völligen Abheilung des Geschwürs unbedingt eingenommen werden. Danach empfiehlt es sich zur Vorbeugung von Rückfällen und Komplikationen (Magendurchbruch, in chronischen Fällen auch Krebs), noch einige Zeit allein durch positive Vorstellungen weiter zu behandeln.

Viele der Patienten gehören zu den Rauchern. Das Gefäßgift Nikotin führt bei ihnen zur Verkrampfung der Blutgefäße des Magens und Zwölffingerdarms, was zur Mangelversorgung der Schleimhaut mit erhöhter Krankheitsanfälligkeit führt. Deshalb gehört die Entwöhnung von Nikotin unbedingt mit zur Therapie; positives Denken hilft dabei mit der Formel »Rauchen vollkommen gleichgültig«, die man mit den oben genannten Vorstellungen kombiniert. Dadurch wird erst eine umfassende Behandlung als Voraussetzung für die baldige Ausheilung erreicht.

Übergewicht

Sieht man von den seltenen Fällen krankhafter Fettsucht ab, stellt das Übergewicht selbst keine Krankheit dar, sondern einen Risikofaktor für die Gesundheit. Hauptsächlich gefährdet es das Herz-Gefäß-System und begünstigt Zuckerkrankheit und andere Stoffwechselstörungen. Deshalb darf man sich damit nie abfinden, auch wenn man schon mehrere erfolglose Schlankheitskuren hinter sich hat. Positives Denken kann sehr viel dazu beitragen, das Übergewicht dauerhaft zu beseitigen, indem es falsche Lebens- und Ernährungsgewohnheiten überwindet, die zu Übergewicht führen, und die oft dahinter verborgenen seelischen Störungen angeht.

Es gibt verschiedene Formulierungen zur dauerhaften Beseitigung von Übergewicht, die dem Einzelfall angepaßt werden müssen. Besonders gut bewährt sich eine positive Vorstellung vom eigenen schlanken Körper, die dann später aus dem Unbewußten heraus automatisch zur gesundheitsbewußten, kalorienknappen Ernährung führt.

Sie kann zum Beispiel lauten:

> »Ich wiege immer ganz selbstverständlich ... kg (angestrebtes Gewicht), fühle mich dabei sehr wohl, gelassen und frei.«

So unwahrscheinlich es klingen mag, diese Formulierung hilft bei Übergewicht oft besser als alle anderen Versuche, das Körpergewicht zu normalisieren. Auch dazu wieder ein Fall aus der Praxis.

Fall 12:

»Mindestens fünfmal habe ich mich im Lauf der Jahre mühsam zum Normalgewicht durchgehungert!« gab Hannelore K. an, »aber es hat auf Dauer nichts genützt. Mal hielt es einige Monate, einmal über ein Jahr an, oft hatte ich aber schon einige Wochen später wieder Gewichtsprobleme. Dabei bemühte ich mich wirklich, mich nach den Schlankheitskuren kalorienknapp zu ernähren. Irgendwie entglitt das immer wieder meiner Kontrolle.«

Solche Erfahrungen bilden keine Ausnahme, sondern die Regel; nach einer der üblichen Schlankheitskuren leiden 80% und mehr der Betroffenen innerhalb von 12 Monaten bereits wieder unter Übergewicht, das bald eine erneute Schlankheitskur erfordert. Das geht so fort, bis sie schließlich entnervt alle weiteren Versuche aufgeben, weil es ja doch keinen Zweck hat. Wenn man das Auf und Ab des Gewichts dieser Menschen grafisch darstellt, erinnert die Kurve an ein Sägeblatt.

Die Ursachen dieser vergeblichen Bemühungen sind heute noch nicht restlos geklärt. Anlagen scheinen ebenso wie seelische Faktoren eine Rolle zu spielen. Außerdem gibt es Hinweise darauf, daß jeder Mensch einen *Set Point* hat, das heißt eine Vorstellung von seinem individuellen Körpergewicht, die unbewußt bleibt, sich aber immer wieder gegen alle Schlankheitskuren durchsetzt. Wahrscheinlich kann dieser *Set Point* durch die obige Formulierung allmählich verändert werden und erst danach hält man dauernd das angestrebte Körpergewicht.

Auch Hannelore konnte durch die positive Vorstellung ihres erwünschten Körpergewichts nach einiger Zeit ihre Gewichtsprobleme bewältigen. Mehrere spätere Konsultationen ergaben, daß im Gegensatz zu früher keine Rückfälle mehr eintraten. Durch die gezielte Vorstellung hat sich offenbar ihr unbewußtes Körperbild so verändert, daß sie das neue Gewicht ohne Mühe halten kann.

Zusätzlich kann man bei Bedarf noch gezielt gegen bestimmte falsche Eßgewohnheiten vorgehen, etwa gegen kalorienreiche Süßigkeiten oder das Essen zwischen den Mahlzeiten.

Dazu eignen sich folgende Vorstellungen, die man an die obige Grundformel anhängt:

> »Süßigkeiten (oder Kuchen, Torten und ähnliches) ganz gleich-
> gültig.«
>
> »Ich ernähre mich gesund – Essen zwischen den Mahlzeiten
> (oder beim Fernsehen und ähnliches) vollkommen gleich-
> gültig.«

Auf diese Weise lassen sich die Verhaltensfehler beim Essen allmählich verlernen, und es treten bald keine Gewichtsprobleme
mehr auf. Im Einzelfall kann es auch notwendig sein, einzelne
seelische Probleme, die mit dem Übergewicht in Beziehung stehen,
gezielter durch positive Vorstellungen zu beeinflussen. Darauf
kann hier aber nicht mehr weiter eingegangen werden, es gibt zu
viele solcher individuellen Faktoren.[*]

Ergänzende Krebsvorsorge und -therapie

Ähnlich wie beim Herzinfarkt scheint es auch bei Krebs bestimmte
Persönlichkeitsmerkmale zu geben, die das Krebsrisiko erhöhen.
Dazu gehören vor allem ein hoher Leistungsanspruch an sich selbst
und die gleichzeitige Neigung, Konflikte nicht durch Verarbeitung
zu lösen, sondern ins Unbewußte zu verdrängen. Viele Krebs-
kranke wuchsen außerdem in einer gefühlskalten Umgebung heran
und litten auch später unter Problemen im Umgang mit ihren Gefühlen.

Dadurch allein tritt natürlich noch kein Krebs auf, vielmehr müssen noch ungesunde Ernährung, falsche Lebensweise, Genußmit-
telmißbrauch, neuerdings auch vermehrt Schad- und Giftstoffe aus
der Umwelt und andere Faktoren hinzukommen. Aber daß bei
manchen Menschen auf diese Weise Krebs entsteht, bei vielen anderen aber, die den gleichen Einflüssen ausgesetzt sind, kein Tumor
auftritt, hängt wahrscheinlich mit dem Seelenleben zusammen.

Positives Denken kann im Rahmen der Krebsvorsorge und -thera-
pie mit guten Erfolgsaussichten angewendet werden. Abgesehen
davon, daß man auf diese Weise die psychischen Mitverursacher
von Krebs beseitigt, aktiviert man gleichzeitig die Körperabwehr,

---

[*] Ausführliche Anleitungen zur Überwindung von Übergewicht finden Sie in
»Schlankwerden – ein Selbsthilfeprogramm« (Bd. 550), erschienen im Humboldt-
Taschenbuchverlag, München.

die auch gegen Krebszellen wirksam ist. Besonders wichtig wird positives Denken nach erfolgreicher Operation, die zwar den Tumor entfernt, aber nicht die Ursachen überwindet. Daher drohen Rückfälle, wenn keine ganzheitliche Nachsorge erfolgt – und erst an diesen Rückfällen stirbt die Mehrzahl der Krebspatienten. Selbst in nicht mehr operierbaren Fällen kann positives Denken das Leben verlängern, ihm wieder einen Sinn geben, die Schmerzen erträglicher machen und zuweilen sogar eine unerklärliche Spontanheilung herbeiführen.

Die Krebsvorsorge und -therapie muß stets individuelle Formulierungen verwenden, die auf die persönliche Lebenssituation zugeschnitten sind, damit man optimale Ergebnisse erreicht. Dabei läßt man sich am besten von einem erfahrenen Therapeuten beraten.

Ganz allgemein kommt als positiver Grundgedanke die folgende Generalformel in Frage:

> »Ich bin und bleibe (zur Vorsorge)/werde (zur ergänzenden Therapie) vollkommen gesund, fühle mich wohl und leistungsfähig – alles Kranke verläßt meinen Körper, ich bin (werde) ganz heil.«
>
> *Gegen Schmerzen kann zusätzlich die Indifferenzformel* »Schmerzen vollkommen gleichgültig« *eingefügt werden, das hilft vor allem, den Bedarf an starken Schmerzmitteln zu verringern.*

Natürlich kann Krebs allein durch solche Vorstellungen nur ausnahmsweise auf noch nicht geklärte Weise vermieden oder geheilt werden, aber die Formulierungen tragen doch immer viel mit dazu bei, das Risiko zu mindern und die Überlebenschancen zu verbessern. Zusätzlich müssen zur Vorbeugung alle vermeidbaren Risikofaktoren ausgeschaltet und zur Behandlung nach Verordnung des biologisch orientierten Therapeuten geeignete Naturheilmittel verabreicht werden. Die Behandlungsmethoden der Schulmedizin bei Krebs sind dagegen mit Skepsis zu beurteilen, da sie die Selbstheilungskräfte von Körper, Geist und Seelenleben noch nicht genügend nutzen.[*]

---

[*] Vgl. dazu »Aktiv gegen den Krebs« (Bd. 598), von G. Leibold, erschienen im Humboldt-Taschenbuchverlag, München.

Allgemeine Nervosität und Ein- oder Durchschlafstörungen stehen oft miteinander in Beziehung und kommen heute sehr häufig vor. Sie sind der Tribut, den viele Menschen an den hektischen, streßreichen Alltag zahlen müssen, wenn sie es nicht verstehen, sich diesen schädlichen Faktoren durch positives Denken zu entziehen.

Als Nervosität bezeichnet man ein buntes, unklares Symptomenbild. Unter anderem gehören dazu Unruhe, Gereiztheit, nervöses Schwitzen, Zucken und Zittern der Glieder, Schlafstörungen, Stimmungsschwankungen, Überempfindlichkeit beim Umgang mit anderen und häufig Funktionsstörungen innerer Organe, bevorzugt des Herz-Kreislauf-Systems und der Verdauungsorgane, aus denen im Lauf der Zeit echte körperliche Krankheiten hervorgehen können. Die Ursachen dieses Beschwerdenbildes sind vielfältig; fachmännische Untersuchung ist deshalb immer anzuraten, damit man eine körperliche Krankheit nicht verschleppt. Durch Vorstellungen von Ruhe und Gelassenheit, ergänzt durch Formulierungen gegen die einzelnen Symptome, gelingt es allmählich meist, die Beschwerden zu beseitigen oder zumindest nachhaltig zu lindern. Manche Menschen, bei denen die Nervosität mit Anlagen zusammenhängt, müssen allerdings zeitlebens mit einem Rest an Beschwerden und einer gewissen Überempfindlichkeit leben; das ist bei ihnen oft der Preis für ihre Sensibilität und Kreativität.

Allgemein helfen bei Nervosität folgende Grundformeln gut:

»Ich bleibe immer und überall ruhig, gelassen und frei – lebe mein Leben mit kühlem, klarem Kopf.«

»Ich bleibe an jedem Ort, zu jeder Zeit, gegenüber jedermann ruhig, gelassen, ausgeglichen und froh –
Streß und Hektik vollkommen gleichgültig.«

»Ich bleibe stets ruhig, sicher und frei – mit kühlem, klarem Kopf lebe ich froh und ausgeglichen – ich ruhe in mir.«

Zusätzlich kommen dann noch gezielte Vorstellungen gegen einzelne nervöse Symptome in Frage, zum Beispiel:

»Schwitzen ganz gleichgültig« oder »Hände angenehm trocken und kühl« *bei nervösem Schwitzen;*

> »Launen (Stimmungen) völlig gleichgültig« *bei Stimmungs-*
> *schwankungen;* »Körper (oder Herz, Magen und andere Or-*
> gane) arbeitet ruhig und gelassen« *bei Funktionsstörungen inne-*
> *rer Organe.*

Gegen Schlafstörungen behandelt man immer zunächst durch die obigen allgemeinen Ruhevorstellungen und ergänzt diese dann zum Beispiel durch folgende Formulierungen:

> »Ich schlafe tief und fest – Schlaf kommt ganz natürlich – erwa-
> che am Morgen pünktlich um ... Uhr frisch und erholt. Schlaf
> vollkommen gleichgültig – ich schlafe gut – erwache jeden Mor-
> gen um ... Uhr frisch und erholt.«

▶ Da aber auch Schlafstörungen mit organischen Krankheiten in Verbindung stehen können, sollten bei chronischer Schlaflosigkeit die Ursachen durch fachmännische Untersuchung genau geklärt und bei Bedarf zusätzlich behandelt werden. Nie darf man versuchen, den Schlaf zu erzwingen, indem man einschlafen will, das provoziert nur innere Widerstände. Positive Vorstellungen helfen dem gehetzten und gestreßten Menschen, ohne schädliche Arzneimittel wieder zur inneren Ruhe, Gelassenheit und Ausgeglichenheit zu finden, die zu den wichtigsten Grundvoraussetzungen der Gesundheit und des Wohlbefindens gehören.

Andere Gesundheitsstörungen

Es ist unmöglich, alle möglichen Heilanzeigen positiven Denkens vorzustellen, weil es sich praktisch bei jeder Erkrankung zumindest als ergänzende Behandlung eignet. Einige wichtige Anwendungsmöglichkeiten wollen wir aber noch herausgreifen. Bei allen anderen, hier nicht mehr aufgeführten Krankheiten können Sie nach den Anleitungen dieses Buchs selbst individuelle positive Formulierungen bilden.

SCHMERZZUSTÄNDE
Die Schmerzempfindung ist individuell sehr verschieden und wird stark mit durch seelische Einflüsse bestimmt. Deshalb können Schmerzen vom Geübten gut durch positive Vorstellungen gemil-

dert werden. Bei heftigen Schmerzen genügt das allein zwar nicht immer, aber wenigstens können dank dieser Hilfe die notwendigen Schmerzmittel geringer dosiert werden, so daß weniger unerwünschte Nebenwirkungen drohen.

Dieser Effekt darf vor allem bei chronischen Schmerzzuständen nicht gering geachtet werden, weil sich bei längerer Einnahme die Gefahr unerwünschter Begleiterscheinungen bis hin zur suchtartigen Abhängigkeit stark erhöht.

Allerdings darf man die Linderung von Schmerzen nie mit der Heilung verwechseln, sonst verschleppt man unter Umständen eine ernste Krankheit so lange, bis überhaupt keine Hilfe mehr möglich ist.

Die Ursachen der Schmerzen müssen auch bei rascher Linderung stets vom Therapeuten untersucht und gezielt nach Verordnung behandelt werden.

Grundsätzlich gilt zur Selbstbeeinflussung von Schmerzen:

Die Indifferenzformel »... *vollkommen gleichgültig*« eignet sich bei allen Schmerzen zur Basistherapie; hinzu kommt bei inneren und kolikartigen Schmerzen die Vorstellung von Wärme, bei oberflächlichen Schmerzen die Vorstellung von Kühle (nie Kälte).

Dazu einige Formulierungsbeispiele:

Kopfschmerzen: »Schmerz vollkommen gleichgültig – Kopf frei und kühl.«

Zahnschmerzen: »Schmerz vollkommen gleichgültig – Ober- (Unter-) kiefer angenehm kühl.«

Magen-/Darm-Koliken: »Magengegend (Bauch, Leib) wohlig warm – Schmerz vollkommen gleichgültig.«

Gallen-/Nieren-Koliken: »Oberbauch (Gallengegend, Nierengegend, Kreuz – *je nachdem, wo die Schmerzen hauptsächlich empfunden werden*) wohlig warm – Schmerzen vollkommen gleichgültig.«

Muskel-/Gelenkrheuma: »Schmerzen vollkommen gleichgültig – Gelenke, Muskeln (*wenn es sich um örtlich begrenzte Schmerzen handelt, gibt man die betroffenen Gelenke und Muskeln genau an*) wohlig warm.«

Durch derartige positive Vorstellungen lassen sich praktisch immer alle Schmerzzustände gut lindern.

Dahinter stehen häufig seelisch-nervöse Verkrampfungen des Darms, die durch Abführmittel weiter verschlimmert werden; außerdem besteht heute bei vielen Menschen infolge falscher (vor allem rohkostarmer) Ernährung ein dauernder Mangel an Ballaststoffen, die zur geregelten Stuhlentleerung unentbehrlich sind. Deshalb genügt es oft nicht allein, sich positiv selbst zu beeinflussen, man muß auch die Ernährung so umstellen, daß sie genügend pflanzliche Ballaststoffe enthält.

Unter dieser Voraussetzung eignen sich folgende Vorstellungen gut:

»Leib (oder Darm) locker und wohlig warm –

Stuhlgang täglich pünktlich um ... Uhr.«

»Stuhlgang jeden Tag automatisch nach dem Aufstehen –

Leib (oder Darm) locker, frei und wohlig warm.«

»Darm arbeitet immer und überall ganz regelmäßig –

Stuhlgang vollkommen gleichgültig – Stuhlgang gelingt immer.«

Wenn die chronische Darmträgheit mit der Angst vor Schmerzen bei der Stuhlentleerung in Zusammenhang steht, wie es vor allem bei Hämorrhoiden, Afterrissen (-fissuren) und ähnlichen Afterkrankheiten der Fall ist, bewährt sich die folgende Vorstellung gut:

»Gesäß (oder After) ganz locker und ein wenig kühl –

Stuhlgang weich, gelingt regelmäßig und pünktlich.«

Hier noch ein paar Ratschläge:

▶ Ausreichende Versorgung mit Ballaststoffen muß dafür sorgen, daß der Stuhl wirklich weich bleibt.

▶ Auch die Entwöhnung von Abführmitteln ist durch Ballaststoffe und positive Vorstellungen möglich, erfordert aber immer fachmännische Anleitung. Deshalb verzichten wir hier darauf, Formulierungen dazu anzugeben.

Chronische Darmträgheit kann als Gesundheitsrisiko andere Krankheiten bis hin zum Darmkrebs begünstigen; der dauernde Mißbrauch von Abführmitteln verschlimmert das Krankheitsbild allmählich noch zusätzlich. Deshalb gehört die regelmäßige Darmentleerung unbedingt zur täglichen Gesundheitsvorsorge.

Immer deutlicher zeigt sich heute, daß die Allergien nicht allein wegen der wachsenden Umweltverschmutzung ständig zunehmen, sondern auch mit seelisch-nervösen Faktoren in Beziehung stehen können. Wahrscheinlich erklärt sich daraus mit, weshalb im Grunde gut bewährte Heilverfahren bei nicht wenigen Menschen völlig versagen.

Zu den allergischen Hautausschlägen gehören hauptsächlich jukkende Hautausschläge, Heuschnupfen, Bronchialasthma (hier kennt man die psychischen Komponenten schon lange) und Durchfall. Allein durch positives Denken lassen sich solche Allergien kaum beseitigen; aber die Symptome sprechen darauf oft gut an, so daß man meist keine starken chemischen Arzneimittel benötigt; auch die Ursachen der Überempfindlichkeit lassen sich beeinflussen. Deshalb gehört die positive Selbstbeeinflussung ergänzend zur antiallergischen Behandlung nach Verordnung des Therapeuten.

Dazu einige Formulierungsbeispiele:

Juckende allergische Hautausschläge:
Die Indifferenzformel, ergänzt durch die Vorstellung von kühler Haut, hilft bei juckenden allergischen Ausschlägen gut. Dabei wird nicht allein das Jucken beseitigt, auch die Schwellungen und Blasen auf der Haut bilden sich oft zurück.

Die Vorstellung kann lauten:

> »Haut *(bei örtlich enger begrenzten Ausschlägen kann man die betroffenen Hautpartien auch direkt ansprechen)* angenehm ein wenig kühl – Juckreiz völlig gleichgültig, ich bleibe ruhig und gelassen.«

Heuschnupfen:
Da er sich nicht auf die Nasenschleimhaut beschränkt, sondern mit Kopfschmerzen und tränenden, brennenden Augen einhergeht, stellt man sich zur umfassenden Behandlung am besten vor:

> »Kopf, Augen und Nase ganz frei – angenehm ein wenig kühl; Brennen (der Augen) und Niesreiz völlig gleichgültig.«

Bronchialasthma:

Bei dieser Verkrampfung der Bronchialmuskulatur erreicht man durch positive Vorstellungen eine Krampflösung, so daß die Atmung wieder leicht funktioniert. Allerdings wird im akuten Asthmaanfall wohl nur der Geübte überhaupt noch in der Lage sein, sich positiv selbst zu beeinflussen; deshalb ist es sehr wichtig, auch zwischen den Anfällen ständig zu trainieren. Dadurch wird auch die Häufigkeit und Schwere der Anfälle vermindert. Unter keinen Umständen darf die Atmung willentlich beeinflußt werden, das könnte die Verkrampfung noch verschlimmern.

Die folgende Vorstellung kann helfen, muß vorsorglich aber mit dem Therapeuten besprochen werden:

> »Atmung vollkommen gleichgültig – ich lasse es atmen, ruhig, gelassen, frei und locker – Atmung gelingt ganz selbstverständlich.«

Zusätzlich erfordert der akute Anfall meist noch Arzneimittel, um den Übergang in ein akut lebensgefährliches Stadium der Atemnot zu verhindern.

Allergischer Durchfall mit/ohne Darmkoliken:

Da Durchfälle bei längerer Dauer zu lebensgefährlichen Verlusten an Salzen und Flüssigkeit führen und durch die oft zusätzlich bestehenden Koliken sehr schmerzhaft sein können, müssen sie rasch gestoppt werden. Das gelingt nicht immer allein durch positive Vorstellungen; spätestens dann, wenn die Durchfälle länger als zwei Tage unvermindert anhalten, muß deshalb der Therapeut konsultiert werden.

Die folgenden Vorstellungen können allein oder ergänzend zu Arzneimitteln den Durchfall meist rasch zum Stillstand bringen:

> »Bauch (Leib) wohlig warm und frei – Darm behält alles.«
>
> »Darm arbeitet locker, frei und regelmäßig – behält alle Nahrung.«

Natürlich müssen alle Nahrungsmittel, auf die der Darm überempfindlich reagiert, strikt gemieden werden.

BLUTUNTERDRUCK

Zu niedriger Blutdruck beginnt bei Werten unter 100 systolisch. Er wird gemeinhin als Garantie für eine hohe Lebenserwartung betrachtet, weil Herz und Gefäße dadurch optimal geschont bleiben. Aber das stimmt keineswegs immer, es gibt auch ernste Formen des niedrigen Blutdrucks. Und selbst wenn keine Gefahr besteht, sind die Beschwerden der *Hypotonie* sehr unangenehm und können das Leben empfindlich beeinträchtigen. Deshalb muß auch niedriger Blutdruck stets fachmännisch untersucht und je nach Ursachen bei Bedarf medikamentös behandelt werden.

In einfacheren Fällen genügt es schon, durch ausreichend Sport, Gymnastik, kalte Wasseranwendungen nach KNEIPP und positives Denken die Symptomatik zufriedenstellend zu bessern und die Gefäßspannung zu erhöhen, so daß sich der Blutdruck normalisiert. Restbeschwerden bleiben zwar oft bestehen, aber damit kann und muß man leben, wenn man nicht regelmäßig stärkere, nicht immer gut verträgliche Arzneimittel einnehmen will.

Gut eignet sich zum Beispiel die folgende Formulierung:

> »Herz arbeitet ruhig, regelmäßig und kräftig – ich bleibe stets fit, munter und leistungsfähig, fühle mich vollkommen wohl.«
>
> *Zusätzlich können bei Bedarf noch einzelne Symptome gezielt durch die Indifferenzformel gelindert werden, zum Beispiel* »Schwindel völlig gleichgültig.«

WETTERFÜHLIGKEIT

Die verbreitete Wetterfühligkeit kann verschiedene organische Ursachen haben und muß deshalb fachmännisch untersucht und bei Bedarf gezielt behandelt werden. Wenn sich ergibt, daß »nur« Funktionsstörungen des vegetativen Nervensystems bestehen, genügt meist das positive Denken.

Geeignet ist eine Generalformel, die sich gegen die unklaren Allgemeinsymptome richtet, zum Beispiel:

> »Ich bleibe stets frisch, munter, leistungsfähig und gut gelaunt – fühle mich immer und überall wohl – Wetter völlig gleichgültig.«

Ergänzend kann man noch Vorstellungen anhängen, die sich gegen einzelne, besonders ausgeprägte Beschwerden richten, zum Beispiel gegen Schwindel, Kopfschmerzen, andere Schmerzzustände, Nervosität, Schlafstörungen, Gereiztheit und depressive Verstimmungen.

ALKOHOL-, ARZNEIMITTEL- UND NIKOTINMISSBRAUCH

Die suchtartige Abhängigkeit von Alkohol, Arzneimitteln oder Nikotin (oft alles zugleich) gehört zu den verbreiteten Gesundheitsrisiken. Häufig spielen dabei seelische Einflüsse eine Rolle, die nicht oder nur teilweise bewußt sind und sich deshalb durch Verstand und Willen kaum noch überwinden lassen. Dagegen helfen nur positive Vorstellungen, die ins Unbewußte gelangen, wo auch die Abhängigkeit beginnt. Deshalb wirkt die Selbstbeeinflussung viel besser als bewußt-willentliche Vorsätze. In fortgeschrittenen Fällen genügt das allerdings nicht mehr, die suchtartige Abhängigkeit kann dann nur noch durch eine regelrechte Entwöhnungstherapie unter fachmännischer Verlaufskontrolle – zum Teil nur in der Klinik – überwunden werden. Je früher man beginnt, sich gegen die Gewöhnung zur Wehr zu setzen, desto günstiger sind die Aussichten, eine regelrechte Sucht zu verhindern.

Die positiven Vorstellungen richten sich nach den individuellen Ursachen, wir können daher nur einige Grundformeln angeben.

Alkoholmißbrauch (echter Alkoholismus kann aber nicht mehr allein durch positives Denken beseitigt werden):

»Ohne Alkohol bleibe ich sicher, frei und froh –
Alkohol vollkommen gleichgültig.«

»Alkohol ganz gleichgültig – Verzicht macht frei, froh und stark.«

Nikotinmißbrauch:
Die Vorstellungen ähneln denen gegen Alkoholmißbrauch und helfen auch nach jahrzehntelangem Mißbrauch noch gut, weil es keine regelrechte Nikotinsucht gibt.

> »Nikotin (oder Zigaretten, Zigarren) vollkommen gleichgültig –
> ohne Nikotin bleibe ich sicher, frei, ruhig und gelassen.«
>
> »Nikotinverzicht macht frei, froh und glücklich –
> ich schaffe das: Nikotin vollkommen gleichgültig.«

Arzneimittelmißbrauch:
Die Formulierungen richten sich vor allem gegen Medikamente, die ohne Verordnung des Therapeuten regelmäßig und in allmählich ansteigender Dosis (Gewöhnungseffekt) eingenommen werden, hauptsächlich also gegen Schmerz-, Beruhigungs-, Schlaf- und Abführmittel. Alle vom Fachmann verordneten Arzneimittel dürfen nur mit dessen Erlaubnis abgesetzt werden.
Bei regelrechter Arzneimittelsucht hilft die positive Selbstbeeinflussung meist nicht mehr ausreichend, sondern kann nur die Entziehungskur unterstützen.

Die folgende Vorstellung hat sich gut bewährt:

> »Arzneimittel (oder Tabletten – *vielleicht auch ganz genaue*
> *namentliche Angabe des Medikaments*) vollkommen gleichgül-
> tig – Verzicht macht frei, froh und stark – alle Beschwerden
> verschwinden.«

▶ Allerdings gilt hier wieder die Warnung vor »eingebildeter« Gesundheit, die man sich mit der Vorstellung »... alle Beschwerden verschwinden« im Einzelfall einreden kann, so daß die Symptome für einige Zeit abklingen; die Krankheit kann aber unaufhaltsam fortschreiten, bis vielleicht überhaupt keine Heilung mehr möglich ist. Daher sollte der Fachmann die Entwöhnung von Arzneimitteln auch dann überwachen, wenn noch keine echte Sucht besteht.

STEIGERUNG DES LEISTUNGSVERMÖGENS

Lebensglück, Lebensfreude und Gesundheit hängen zum Teil vom Leistungsvermögen eines Menschen ab. Nur bei ausreichender Leistungsfähigkeit kann man sich selbst verwirklichen und dadurch glücklicher und zufriedener werden, was zugleich der körperlichen Gesundheit dient.

Positives Denken verbessert das Leistungsvermögen auf verschiedene Arten. Das beginnt bereits in der Schule und reicht bis hin zur körperlichen Leistungsfähigkeit des Hochleistungs- und Berufssportlers.

Lernstörungen und Schulstreß

Für immer mehr Kinder und Jugendliche bedeutet die Schule heute einen enorm hohen, schädlichen Streß. Das hat viele Gründe, die zum Teil in den Strukturen der Schule und den sozialen Verhältnissen in der Industriegesellschaft zu suchen sind und hier nicht weiter verfolgt werden können.* Oft spielen Lernstörungen dabei eine wichtige Rolle, denn wenn das Lernen schwerfällt, erhöht sich zwangsläufig der Schulstreß, der dann wiederum die Lernfähigkeit weiter einschränkt – ein Teufelskreis, aus dem das positive Denken wieder herausführen kann. Dazu haben sich in der Praxis einige Vorstellungen gut bewährt, die auch Kinder der unteren Schulklassen schon zur Verbesserung ihrer Lern- und Leistungsfähigkeit und zum Abbau von Schulstreß einsetzen können. Sie fördern die Motivation zum Lernen und die Fähigkeit dazu. Die Formulierungen müssen allerdings der individuellen Situation angepaßt sein, um optimal wirksam werden zu können; die nachstehenden Vorstellungen sollen deshalb nur als Beispiele dienen.

Konzentrationsschwäche beim Lernen:

> »Ich lerne wach und aufmerksam – halte durch und schaffe mein Ziel.«

Gedächtnisschwäche (oft mit Konzentrationsstörungen verbunden; dann stellt man die obige Vorstellung für konzentriertes Lernen an den Anfang und fährt mit der folgenden Formulierung fort):

> »Ich behalte alles, was ich lerne – erinnere mich jederzeit daran.«

---

* Interessierten empfehlen wir das Buch »Schulangst – Ursachen, Symptome, Behandlung« mit zahlreichen Beispielen aus der Praxis von G. Leibold, Englisch Verlag, Wiesbaden.

Mangelnde Motivation zum Lernen (zum Beispiel mangelndes Interesse, oft aber auch verborgene Ängste und Überforderung):

> »Lernen macht Freude, gelingt leicht und gut –
> ich lerne mit Lust und Liebe und Interesse.«

Nicht selten steht hinter Lernstörungen auch **fehlendes Vertrauen in die eigene Leistungsfähigkeit**, das durch folgende einfache Vorstellung verbessert werden kann:

> »Lernen gelingt leicht und gut mit Freude –
> ich schaffe alles – ich erreiche meine Ziele.«

Wenn sich dank dieser positiven Gedanken dann die ersten Erfolgserlebnisse im Unterricht einstellen, setzt sich die günstige Entwicklung von selbst weiter fort.

▶ Die genannten Vorstellungen können bei Bedarf entsprechend dem Einzelfall sinnvoll miteinander kombiniert werden, um alle Ursachen von Lernstörungen und Schulstreß gemeinsam zu beseitigen. Dabei darf das Kind jedoch nicht durch zu viele und umfangreiche Vorstellungen überfordert werden, sonst tritt vielleicht das Gegenteil ein. Es kann deshalb besser sein, zunächst nur ein Problem anzugehen und erst dann mit weiteren Formulierungen fortzufahren, wenn sich die Wirkung im Alltag durchgesetzt hat.

Bessere Konzentration und geistige Leistungsfähigkeit

Auch bei Erwachsenen treten häufig Störungen von Konzentration, Gedächtnis und Leistungsfähigkeit auf, die sich zum Teil sehr ungünstig auf Selbstverwirklichung und Lebensgestaltung auswirken. Auch dagegen helfen wieder positive Vorstellungen, die im Prinzip denen gleichen, die für Schüler angegeben wurden. Dazu wieder einige praxisbewährte Formulierungshilfen, die viele Leistungshindernisse überwinden können.

Konzentrationsstörungen bei der Arbeit:

> »Ich arbeite gesammelt und unermüdlich aufmerksam –
> Arbeit gelingt rasch und gut.«

Gedächtnisstörungen (wenn sie mit Konzentrationsschwäche verbunden sind, beginnt man mit der obigen Vorstellung dagegen und fährt dann mit der nachstehenden fort):

> »Ich behalte alles – erinnere mich jederzeit an alles.«
>
> »Gedächtnis merkt sich alles – Erinnerung gelingt immer.«

Mangelnde Motivation zur Leistung:

> »Arbeit macht Freude, gelingt leicht und gut –
> ich halte durch, arbeite mit Lust und Liebe.«

Wenn man der Arbeit wirklich keine positiven Seiten abgewinnen kann, hilft auch die Indifferenzformel:

> »Arbeit ganz gleichgültig – ich halte durch,
> arbeite gut und leicht ohne Streß und fühle mich wohl.«

Mangelndes Selbstvertrauen als Leistungshindernis:

> »Arbeit gelingt mir leicht und gut –
> ich schaffe alles, erreiche mein Ziel.«
>
> »Ich bin mutig und stark – Arbeit gelingt immer, ich schaffe es.«

► Bei Bedarf können die verschiedenen Vorstellungen wieder miteinander kombiniert werden, um Leistungsstörungen umfassend zu behandeln. Allerdings darf man auch nicht vergessen, daß Leistungsschwäche zuweilen mit organischen Krankheiten in Zusammenhang steht. Diese müssen natürlich nach fachmännischer Verordnung behandelt werden, weil man sonst durch die positiven Gedanken nur zeitweise die Symptome verschleiert, aber keine Heilung erzielt.

Abbau von übermäßigem Streß

Streß gehört ganz selbstverständlich zum Leben, im richtigen Maß ist er sogar lebenswichtig. Ohne ihn verliefe das ganze Leben so langweilig, daß der Streßmangel selbst zum negativen, gesundheitsgefährdenden Streß würde. Heute stehen aber viele Menschen ständig unter zu hohem Streß, so daß sich die körperlichen und seelischen Reaktionen darauf nicht mehr zurückbilden können. Daraus erklären sich dann zahlreiche Streßkrankheiten, unter anderem Magengeschwüre, Bluthochdruck und Herzinfarkt.

Positives Denken hilft, unnötigen Streß zu vermeiden und die Folgen von übermäßigem Streß einzudämmen, damit es nicht zu akuten Streßerkrankungen kommt. Da wir wohl alle zwischendurch einmal unter höherem, länger andauerndem Streß stehen, kann das positive Anti-Streß-Training vorsorglich praktisch jedem Menschen empfohlen werden, von Schülern, Hausfrauen und Rentnern angefangen, bis hin zu leitenden Angestellten und Managern mit hohem Leistungs- und Verantwortungsdruck.

Zum Abbau überschießender Streßreaktionen eignet sich die folgende Vorstellung gut zur Soforthilfe:

> »Ich bleibe ganz ruhig, gelassen, locker und frei –
> mein Kopf bleibt kühl und klar, ich schaffe das.«

▶ Nach Möglichkeit sollte man sich außerdem nach akutem Streß etwas körperlich anstrengen, um die aktivierten körperlichen Energien rasch zu verbrauchen, ehe sie sich gegen den eigenen Körper richten.

Um zukünftig unnötigen Streß wirksam zu vermeiden, kann man diese Formulierung durch folgende Vorstellung ergänzen:

> »An jedem Ort, zu jeder Zeit, bei jeder Gelegenheit (oder in jeder Situation) und gegenüber jedermann bleibe ich ganz ruhig und gelassen – nichts und niemand auf der Welt kann das verhindern.«

Wer so mit dem allgegenwärtigen Streß umgeht, braucht ihn nicht zu fürchten, sondern kann ihn sinnvoll zur positiveren Lebensgestaltung einsetzen.

Körperliches Leistungsvermögen

Nachlassendes körperliches Leistungsvermögen muß immer als Warnzeichen verstanden werden, das gründliche Untersuchung durch den Fachmann erfordert. Dahinter können beginnende körperliche Krankheiten stehen, die man nicht einfach durch positives Denken verschleiern und verschleppen darf, bis vielleicht überhaupt keine wirksame Behandlung mehr möglich ist. Erst wenn die Diagnose feststeht, kann eine positive Vorstellung gefahrlos zur besseren körperlichen Leistungsfähigkeit angewendet werden. Falls sich keine krankhaften Störungen feststellen lassen, muß von seelisch-nervösen Ursachen ausgegangen werden, die auf positive Selbstbeeinflussung besonders gut ansprechen.

Abgesehen davon kann das positive Denken auch noch bei körperlichen Schwächezuständen nach Krankheiten und Operationen verwendet werden, um die Genesung zu beschleunigen. Die Formulierungen bespricht man in solchen Fällen vorsorglich mit dem Therapeuten.

Folgende Vorstellungen können sich auf das körperliche Leistungsvermögen günstig auswirken:

»Ich werde gesund und stark – fühle Kraft und Energie, die meinen ganzen Körper durchströmen.«

»Ich fühle mich wohl und kräftig – mein Körper ist jeder Aufgabe gewachsen, ich schaffe alles ohne Mühe.«

»Alles Kranke verläßt meinen Körper – Kraft und Stärke durchströmen ihn machtvoll, ich werde vollkommen gesund und schaffe alles.«

Diese Formulierungen aktivieren allmählich die körpereigenen Selbstheilungsregulationen. Bei Bedarf können sie je nach Einzelfall noch gezielt gegen bestimmte körperliche Gesundheitsstörungen gerichtet werden, um diese direkt zu beseitigen.

Auch zur Vorbereitung auf Gymnastik und Sport lassen sich solche Vorstellungen einsetzen. Das empfiehlt sich besonders dann, wenn man nach jahre- bis jahrzehntelangem Verzicht auf körperliches Training endlich wieder damit beginnt. Es gibt aber für die sportliche Betätigung auch noch spezielle Formulierungen, die wir im nächsten Kapitel vorstellen.

Positives Denken und
mentales Training für Sportler

Gleichgültig, ob man Sport als gesundes Hobby betreibt oder als Hochleistungs- und Berufssportler die Leistungen verbessern will, positive Vorstellungen eignen sich immer sehr gut zur Ergänzung des Trainings. Sie erhöhen die Leistungsfähigkeit, verringern das Verletzungsrisiko, fördern das Durchhaltevermögen und aktivieren den Glauben an den Sieg. Außerdem kann auf diese Weise der Streß des Wettkampfs besser verkraftet und genutzt werden, um persönliche Bestleistungen zu erzielen. Neben den im vorangegangenen Kapitel genannten Formulierungen, die das körperliche Leistungsvermögen allgemein erhöhen, gibt es zu diesem Zweck spezielle, individuell auf die Persönlichkeit zugeschnittene Vorstellungen.

Die folgenden Beispiele sollen also nur Anregungen für eigene Vorsatzformeln geben.

Hilfen beim sportlichen Training:

»Training macht Spaß – ich trainiere locker und frei, kraftvoll und stark – fühle mich wohl dabei.«

»Ich trainiere regelmäßig locker und kraftvoll –
Training gelingt immer, ich schaffe alles.«

Vorbereitung auf Wettkämpfe:

»Sieg (oder Gegner) vollkommen gleichgültig –
ich gebe mein Bestes, ich erreiche mein Ziel.«

»Ich starte locker und kraftvoll, gebe alles und schaffe mein Ziel.«

Zusätzlich können sich Sportler durch mentales Training auf Wettkämpfe vorbereiten. Dazu geht man im Geist den gesamten Wettkampf durch, malt sich plastisch-bildhaft aus, wie man startet, während des Wettkampfs sein Bestes gibt und dann als Sieger durchs Ziel geht. Wenn man dieses geistige Training ausreichend lange durchführt, läuft in der Wettkampfsituation alles unabhängig vom Streß und den äußeren Umständen so ab, wie man es sich ausgemalt hat. Natürlich kann nicht jeder, der sich so vorbereitet, tatsächlich siegen, aber die Chancen auf den Sieg bessern sich dadurch erheblich. Vor allem wird jeder, der sich so vorbereitet hat, ohne Überforderung ganz automatisch sein Bestes geben, also zumindest den Sieg über seine persönlichen Leistungshemmungen erringen.

HILFE BEI SEELISCHEN STÖRUNGEN

Wenn man den Pessimisten unter den Fachleuten glaubt, leiden rund 90% aller Bewohner westlicher Industrienationen unter seelischen Störungen. Aber selbst wenn man nur von 30 bis 70% ausgeht, liegt diese Zahl schon erschreckend hoch. Erklären kann man das hauptsächlich aus dem tiefgreifenden Wandel, in dem sich die Industriegesellschaften befinden; er verunsichert viele Menschen, läßt sie am Sinn ihres Lebens zweifeln und begünstigt schädliche Verhaltensweisen. Dazu gehören unter anderem krasses Konsum- und Konkurrenzdenken und die zunehmende soziale Isolierung.

Seelische Störungen, die daraus – aber natürlich auch aus individuellen Ursachen – entstehen, können Lebensglück und Lebensfreude noch nachhaltiger als körperliche Krankheiten beeinträchtigen, vielleicht ein ganzes Leben zerstören. Positives Denken hilft gut dagegen. Es gibt allerdings auch Fälle, in denen die seelischen Störungen zunächst die Fähigkeit zu positiven Gedanken blockieren. Dann steht am Anfang die fachmännische Psychotherapie, die wieder die Voraussetzungen für positives Denken schaffen muß. Nach Besserung unterstützt positives Denken dann die weitere Behandlung und kann zukünftig vor weiteren seelischen Störungen schützen.

Die Überwindung seelischer Krisen aus eigener Kraft durch positives Denken bedeutet Reifung und Entwicklung der Persönlichkeit. Das fällt zwar nicht so leicht wie die Unterdrückung von Symptomen durch Arzneimittel (*Psychopharmaka*), aber die Arbeit an sich selbst bildet die unverzichtbare Voraussetzung für ein glücklicheres, sinnerfüllteres Leben. Davon abgesehen besteht bei der Einnahme von Psychopharmaka stets die Gefahr unerwünschter Nebenwirkungen bis hin zur suchtartigen Abhängigkeit.

Unsere sinnlosen Ängste

Angst ist zunächst ein Selbstschutzmechanismus, der uns vor Gefahren und vor zu großen Risiken warnt. Erst wenn sie zu stark wird, dem Anlaß also nicht mehr angemessen ist und schließlich ganz unabhängig von äußeren Anlässen auftritt oder gar dauernd besteht und das gesamte Leben beherrscht, wird Angst zur behandlungsbedürftigen seelischen Krankheit. Ob diese Angst aus eigener Kraft überwunden werden kann oder fachmännische Hilfe erforderlich wird, richtet sich nach den Umständen des Einzelfalls. Bei stärkeren Ängsten sollte vorsorglich immer der Therapeut konsultiert werden.

Grundsätzlich immer falsch ist der Versuch, Angst willentlich zu unterdrücken. Dadurch weckt man innere Widerstände, die alles verschlimmern können. Gut wirkt dagegen die Indifferenzformel »... ganz gleichgültig«, kombiniert mit Vorstellungen von Ruhe und Gelassenheit, wie:

»Angst vollkommen gleichgültig – ich nehme sie an, bleibe ruhig, gelassen, sicher und frei dabei.«

»Ich bleibe immer und überall ruhig, geborgen, sicher und frei – Angst vollkommen gleichgültig.«

Wie massiv Ängste, die man zu unterdrücken versucht, das Leben stören können, und wie befreiend positive Vorstellungen dagegen wirken, soll das folgende Fallbeispiel veranschaulichen.

Fall 13:

»Heute habe ich erstmals seit vier Wochen wieder die Wohnung verlassen«, erzählte mir Karin M., ein 17jähriges Mädchen, das mit dem Vater in die Praxis gekommen war. »Wenn ich nicht hoffte, meine Angst endlich loszuwerden, hätte ich auch das nicht geschafft, denn der Weg hierher war furchtbar für mich. Ich bemühe mich ja ehrlich, die Angst zu unterdrücken, aber das nützt wenig.«

Während der ersten therapeutischen Sitzungen sollte Karin lernen, ihre Angst nicht zu bekämpfen, sondern anzunehmen. Das fiel ihr ungemein schwer, denn seit ihrem ersten Angsterlebnis in der frühesten Kindheit hörte sie von ihren Eltern immer wieder, daß »ein so großes Mädchen doch keine Angst mehr hat«. Dieser Satz, der von Eltern oft bei Jungen angewendet wird (Karin sollte übrigens nach dem Wunsch ihrer Eltern auch ein Junge werden), ist natürlich unsinnig. Jeder Mensch hat Angst und muß lernen, damit zu leben und die dahinter stehende Energie positiv »umzupolen«. Das lernte Karin schließlich auch und war dann in der Lage, sich selbst positiv zu beeinflussen.

Im Verlauf der Behandlung bewältigte Karin ihre panische Angst vor den Angstanfällen. Sie ließ die Angst zu, wenn sie in ihr hochstieg, versuchte nach meiner Anleitung sogar noch, sie willentlich zu verstärken, und erlebte dann regelmäßig, wie der Angstanfall in sich zusammenbrach. Schließlich schaffte sie es sogar, sich die Angst als eine Art »Wesen« vorzustellen, mit dem sie sprach, über das sie sich lustig machte. Damit

111

war der Durchbruch geschafft. Inzwischen kann Karin mit der Angst, die alle Menschen kennen, gut leben, ohne von ihr überwältigt zu werden. Die weitere Behandlung soll nun die tiefverwurzelten Ursachen ihrer früheren massiven Ängste wieder bewußt machen, damit sie verarbeitet und dadurch beseitigt werden können.

Bei seelisch-nervöser Herzangst, die unmittelbar aus dem Herzen aufzusteigen scheint, kann man nach Zustimmung des Therapeuten folgende Vorstellung anwenden:

> »Herz völlig gleichgültig – Herzgegend ganz frei –
> Puls ruhig und gleichmäßig.«

Durch solche Vorstellungen lassen sich unnötige Ängste allmählich dauerhaft aus eigener Kraft überwinden.

Positives Denken kontra Depressionen

Depressive Verstimmungen kennt wohl jeder Mensch. Sie treten zwischendurch als Reaktion auf Enttäuschungen, Mißerfolge, Reaktionen, Wetterveränderungen, oft auch aus unerklärlichen Gründen auf und verschwinden meist bald wieder. Kennzeichnend sind Niedergeschlagenheit, Schwermut und Pessimismus, häufig auch Schlafstörungen. Dagegen bewährt sich positives Denken sehr gut; es hellt die Stimmung bald wieder auf, bringt Lebensfreude und Lebensmut zurück. Allerdings darf man mit dem Training positiver Gedanken nicht erst beginnen, wenn die Verstimmung schon besteht, sonst dauert es zu lange, bis die Vorstellungen zu wirken beginnen.

In der Praxis bewährten sich zum Beispiel die folgenden positiven Gedanken:

> »Ich lebe frei und froh – dunkle Gedanken weichen.«
>
> »Mein Leben ist lebenswert – gelassen, mutig und heiter geht mein Leben von jetzt an weiter.«
>
> »Enttäuschungen (*oder Mißerfolge und ähnliches*) vollkommen gleichgültig – ich lebe mutig, frei und froh, fühle mich geborgen und wohl.«

Bei ausgeprägten depressiven Zuständen können sich solche Vorstellungen allerdings nur schwer durchsetzen, weil die Seele zu stark negativ »vorprogrammiert« ist. Deshalb bestimmt in solchen Fällen der Therapeut die Behandlung; sie soll die Voraussetzungen dafür schaffen, daß positives Denken zur Überwindung der Restbeschwerden wieder möglich wird. In schweren Fällen mit akuter Selbstmordgefahr kann auch die (notfalls zwangsweise) Einweisung in die Klinik zum Selbstschutz erforderlich werden.

Neurotische Fehlhaltungen und Konflikte

Neurotische seelische Störungen wurzeln meist in der frühen Kindheit. Ihre Ursachen sind nicht mehr bewußt und lassen sich deshalb durch Verstand und Willen nicht beherrschen. Zum Teil können solche Krankheiten nur durch fachmännische Psychotherapie ausgeheilt werden. In vielen leichteren Fällen gelingt es aber, allein durch positives Denken aus eigener Kraft darüber hinweg zu kommen. Dazu geben wir jetzt einige Formulierungsbeispiele an, nach denen Sie eigene positive Vorstellungen erarbeiten können.

Allgemeine Vorstellungen bei neurotischen Störungen:

> »Ich nehme mich an, so wie ich bin –
> bleibe immer und überall ruhig, gelassen, sicher und frei.«

Neurotische Störungen sozialer Beziehungen/soziale Konflikte:

> »Ich bleibe sicher und frei, nehme mich und andere an –
> ich begegne anderen Menschen ruhig, sicher und verständnisvoll.«

Hemmungen und Unsicherheit:

> »Ich fühle mich mutig, frei und geborgen –
> ich bin ich – ich nehme mich an.«

> »Mit kühlem, klarem Kopf begegne ich anderen –
> nichts und niemand kann meine Gelassenheit und Sicherheit stören.«

Sexualneurosen (Frigidität der Frau/Impotenz des Mannes):

> »Ich liebe als Frau/Mann mit Lust locker, frei und intensiv –
> ich gebe mich hin, Orgasmus vollkommen gleichgültig.«

Bei ausreichend langer Wiederholung wirken solche Vorstellungen auch noch bei langjährigen nicht zu schweren neurotischen Störungen gut. Der entscheidende Vorteil der positiven Selbstbeeinflussung besteht darin, daß die Symptome nicht nur durch chemische Psychopharmaka unterdrückt, sondern ursächlich überwunden werden. Man geht deshalb aus der Krise gereift hervor und kann dem weiteren Leben eine positive Wende geben. Deshalb sollte man in allen vertretbaren Fällen – wenn nötig nach Rücksprache mit dem Therapeuten – stets versuchen, die Krise aus eigener Kraft durchzustehen.

Gereiztheit und Aggressivität

Diese beiden Verhaltensstörungen entstehen bei zahlreichen psychischen Veränderungen als Symptom, das häufig zu Problemen mit anderen führt. Übermäßiger Streß, unlösbare Dauerkonflikte und neurotische Störungen sind die häufigsten Ursachen. Zum Teil lassen sie sich durch positives Denken überwinden, teils muß eine fachmännische Psychotherapie durchgeführt werden.

Versuchsweise kann man folgende Formulierungen anwenden:

> »Immer und überall Ruhe und Gelassenheit –
> Gereiztheit und Aggressivität vollkommen gleichgültig.«
>
> »Ich lebe mein Leben mit kühlem, klarem Kopf ruhig, gelassen
> und frei – nichts und niemand unterbricht meine innere Ruhe.«

Bei sozialen Problemen als Folgen der Gereiztheit und Aggressivität empfiehlt sich folgende Vorstellung:

> »Andere Menschen sind doch ganz nett – ich bin ruhig, gelassen
> frei von Aggressionen – andere nehmen mich an.«

Je nach Ursachen der Verhaltensstörungen müssen die genannten Vorstellungen noch durch gezielte Formulierungen ergänzt werden, damit eine umfassende, dauerhafte Wirkung erreicht wird. Dazu eignen sich zum Beispiel die weiter vorne genannten Suggestionen gegen übermäßigen Streß, Neurosen und Konflikte (vgl. S. 113 f.).

POSITIVES DENKEN IM ALLTAG –
EINKLANG MIT SICH SELBST UND DER UMWELT

Innere Harmonie und Einklang mit der Umwelt ohne Selbstaufgabe gehören zu den Grundlagen eines erfüllten, sinnvolleren und glücklicheren Lebens. Dazu kann positives Denken viel beitragen, denn es ermöglicht nicht allein die Verwirklichung bewußter Absichten, Hoffnungen, Wünsche und Ziele, sondern auch die der im Unbewußten schlummernden, die oft viel bedeutsamer als die bewußten sind.

Darüber hinaus gehört zu einem glücklichen Leben auch die Pflege guter sozialer Kontakte in der Familie und im Freundes- und Bekanntenkreis. Als soziales Wesen ist der Mensch auf ein – individuell unterschiedliches – gewisses Maß an solchen Beziehungen angewiesen. Gerade heute, da die soziale Vereinsamung immer weiter um sich greift, kann positives Denken viel zu ihrer Überwindung beitragen.

Mit diesen Anwendungsmöglichkeiten positiver Selbstbeeinflussung im Alltag wollen wir uns zum Abschluß noch befassen. Auch hier gilt natürlich wieder, daß die Vorstellungen individuell formuliert werden müssen, damit sie der konkreten Lebenssituation im Einzelfall gerecht werden können.

Innere Ruhe und Ausgeglichenheit

Streß, Hektik und Reizüberflutung des modernen Lebens lassen viele Menschen heute auch in der Freizeit nicht mehr zur Ruhe kommen. Aber ein erfülltes Leben im Einklang mit sich selbst erfordert auch innere Ruhe und Ausgeglichenheit – eine Art »Atemholen der Seele«. So entsteht ein Teufelskreis, der sich nur schwer aus eigener Kraft durchbrechen läßt. Positives Denken bietet dazu die beste Möglichkeit. Zunächst wird die Ruhe und Ausgeglichenheit, nach der jeder Mensch zwischendurch strebt, allein schon durch die regelmäßigen Entspannungsübungen gefördert. Bei konsequentem Training erübrigt es sich daher oft, überhaupt noch zusätzliche positive Gedanken zu entwickeln. Der Geübte kann sich praktisch in Minutenschnelle in tiefe Ruhe und Entspannung versetzen.

Im Einzelfall ist es aber sinnvoll, das Entspannungstraining durch positive Vorstellungen zu ergänzen, um die Wirkung zu verbessern.

Die Grundformel für Ruhe und Entspannung in jeder Situation lautet:

> »An jedem Ort, zu jeder Zeit: Ruhe und Gelassenheit.«

Ergänzt wird diese allgemein beruhigende Formel durch die Vorstellungen, die bei Streß, Nervosität, Schlafstörungen und Gereiztheit bereits angegeben wurden.

Eine interessante weitere Anwendungsmöglichkeit ist der Kurzschlaf auf Kommando. Wenn man sich im Verlauf eines anstrengenden Tages abgespannt fühlt und die Möglichkeit dazu hat, sollte man sich rasch in tiefen Kurzschlaf versetzen, denn er macht wieder frisch und fit. In der Regel schläft man nur fünf bis zehn Minuten, bei längerer Dauer läßt die erfrischende Wirkung nämlich nach.

Dazu stellt man sich etwa vor:

> »Ich bin jetzt vollkommen ruhig und gelassen – lasse mich los und sinke langsam in tiefen Schlaf – in fünf (zehn) Minuten (oder um ... Uhr) erwache ich frisch, munter und erholt.«

Der Geübte erreicht auf diese Weise tatsächlich einen erholsamen kurzen Tiefschlaf und erwacht zur vorbestimmten Zeit automatisch daraus.

Es gibt noch zahlreiche andere, individuell unterschiedliche Vorstellungen, die Ruhe und innere Harmonie herstellen. Sie gehören zu den wichtigsten praktischen Lebenshilfen. Es lohnt sich, sorgfältig darüber nachzudenken, wie man solche Formulierungen nutzen kann.

Sich selbst verwirklichen

Auch wenn die Selbstverwirklichung heute zu einem oft mißbrauchten Modewort geworden ist, strebt doch jeder Mensch danach, Glück, Sinn und Erfüllung im Leben zu finden.
Viele Anlagen und Fähigkeiten werden im Alltag vernachlässigt
und verkümmern. Das führt zur chronischen Unzufriedenheit und
Frustration.

Als Ausweg bietet sich die Freizeitgestaltung an, bei der man alles
verwirklichen sollte, was im Beruf zu kurz kommt. Das setzt zunächst aber voraus, daß man klar erkennt, wie man sich überhaupt
verwirklichen will, und dann die dazu erforderliche Energie aktiviert. Positive Vorstellungen helfen dabei gut.

Die Grundformel zur Selbstverwirklichung soll Antwort darauf
geben, wie man sich im Einklang mit sich selbst verwirklichen
kann; sie lautet:

> »Ich erkenne mich selbst und nehme mich an.«

Nach einiger Übung ergeben sich dadurch aus dem Unbewußten
Einsichten in die eigene Persönlichkeit, die den Weg zur Selbstverwirklichung weisen.
Dann überlegt man, was man letztlich wirklich erreichen will. Dabei geht man Schritt für Schritt vor, denn alles auf einmal läßt sich
im allgemeinen nicht realisieren.
Positives Denken hilft auch dabei wieder, zum Beispiel die folgende Formulierung:

> »Ich nehme mich an – erreiche alles im Einklang mit mir selbst.«

Die Einleitung *»Ich nehme mich an ...«* darf nie fehlen, denn sie
überwindet die Widerstände gegen die Selbstverwirklichung.

Natürlich darf Selbstverwirklichung nicht zum krassen Egoismus
führen, der andere unzulässig einschränkt. Wenn die Umwelt die
Selbstverwirklichung aber zu stark behindert, darf man sich auch
dagegen wehren; dazu ergänzt man die genannte Vorstellung durch
den Zusatz *»... ich setze mich durch.«* Er aktiviert das Durchhaltevermögen gegen alle übertriebenen Anpassungszwänge, die heute
viele Menschen in der freien Entfaltung behindern.

Der folgende Fall aus der Praxis zeigt, wie positives Denken zur Selbstverwirklichung ein Leben grundlegend verändern kann.

Fall 14:

> »Ich habe so viele Ideen, Pläne und Ziele«, erklärte mir Hans-Peter R., »aber ich kann mich damit einfach nicht gegen meine Familie durchsetzen. Es klingt furchtbar, ich weiß, aber meine Frau und meine Kinder erscheinen mir oft wie ein Klotz am Bein, der meine Selbstverwirklichung behindert. Dann bekomme ich ein noch schlechteres Gewissen und traue mir überhaupt nichts mehr zu.«

In mehreren therapeutischen Gesprächen klärten wir zunächst, was der Patient überhaupt mit seinem Leben anfangen wollte und weshalb sich seine Familie dem widersetzte. Dabei sah er ein, daß seine Frau sich ganz einfach vor dem Wagnis einer selbständigen Existenz fürchtete, die er anstrebte, weil seine jetzige Tätigkeit ihn ständig frustrierte. Die Ehefrau verlangte von ihm, daß er zunächst seiner Verantwortung für den Familienunterhalt gerecht würde und deshalb seine jetzige sichere Stellung nicht aufgäbe.

Mit der Einsicht in diese Ursache ihres Widerstandes, den er jetzt selbst nachvollziehen konnte, entkrampfte sich Hans-Peters Verhältnis zur Familie. Unbeschwert von seinem früheren schlechten Gewissen konnte er darangehen, seine Absichten in positiven Vorstellungen zu formulieren. Diese prägte er sich so lange intensiv ein, bis er von der erfolgreichen Verwirklichung vollständig überzeugt war. So stark motiviert gelang es ihm auch, die ängstliche Skepsis seiner Frau in vielen intensiven Gesprächen abzubauen, bis sie schließlich uneingeschränkt hinter seinen Plänen stand.

Heute arbeitet Herr R. als erfolgreicher Unternehmer, ist finanziell wesentlich besser als vorher gestellt und – was für ihn viel wichtiger war – mit seiner Tätigkeit rundum zufrieden, weil sie im Einklang mit seinen Interessen und Fähigkeiten steht.

Zwischenmenschliche Beziehungen

Gestörte soziale Beziehungen führen zur Vereinsamung, die körperliche und seelische Krankheiten begünstigt. Viele Menschen leiden heute darunter, aber nur wenige versuchen, sich aus dem Gefängnis der Isolation zu befreien. Positive Selbstbeeinflussung kann helfen, wieder gute soziale Beziehungen anzuknüpfen und zu pflegen.

Dazu analysiert man zunächst, woraus sich die Kontaktarmut erklärt, und geht dagegen durch spezielle Formulierungen (zum Beispiel gegen Hemmungen und Minderwertigkeitsgefühle) an, die individuell ausgearbeitet werden müssen.

Als Generalformel kann man sich zusätzlich vorstellen:

> »Ich gehe auf andere zu und nehme sie an – Kontakte gelingen.«

Diese Formel überwindet die Scheu vor dem ersten Schritt und schafft durch den Vorsatz »*... nehme sie an ...*« zugleich die Voraussetzungen für tragfähige soziale Beziehungen, nämlich Respekt vor der Persönlichkeit des anderen und Toleranz für seine Eigenarten.

Es kommt übrigens nicht darauf an, möglichst viele Kontakte zu unterhalten, die oft oberflächlich bleiben, entscheidend ist die Qualität. Wenige gute, regelmäßig gepflegte Freundschaften tragen viel mehr zum Lebensglück bei als die »Verzettelung« durch viele Bekanntschaften, die letztlich doch nur innere Leere hinterlassen.

Partnerschaft, Ehe und Familie

Mehr noch als Freundschaften entscheiden die Partnerbeziehungen über das Lebensglück. Deshalb erfordern sie besondere Pflege. Allerdings darf das Harmoniestreben nicht zur Verdrängung von Partnerkonflikten führen, daran könnte die Partnerschaft letztlich scheitern. Die Vorstellung von der konfliktfreien Partnerschaft, Ehe und Familie ist nicht positiv, sondern unrealistisch, denn Zusammenleben funktioniert nie ohne Konflikte. Entscheidend ist, daß sie gemeinsam durch konstruktives Streiten gelöst werden, bei dem es nicht um den »Sieg« über den anderen geht, sondern um die gemeinsame Konfliktlösung.

Es gibt viele Möglichkeiten, durch positives Denken die Partnerbeziehungen zu verbessern oder ein gestörtes Familienklima, unter dem auch die Kinder leiden, wieder zu harmonisieren. Die dazu notwendigen Formulierungen müssen auf die konkrete Situation abgestimmt werden. Besonders erfolgversprechend ist positives Denken, wenn die Partner – bei Bedarf zusätzlich auch die Kinder – gemeinsam trainieren. Dann erreicht man, daß alle am gleichen Strang ziehen, und fördert zugleich das Zusammengehörigkeitsgefühl.

Aber auch wenn nur einer der Partner sich positiv beeinflußt, kann das schon genügen. Er wird dann allmählich sein Verhalten günstig verändern, und darauf reagieren meist auch die anderen positiv.

Fall 15:

»Mein Mann behauptet zwar, daß er unsere Ehe aufrecht erhalten will«, schluchzte Angelika W. bei der ersten Konsultation, »aber er war nicht bereit, mit zu diesem Gespräch zu kommen. Nach seiner Ansicht dramatisiere ich unsere Probleme unnötig und muß deshalb auch selbst sehen, wie ich damit fertig werden kann.«

Diese Einstellung des Partners ist natürlich nicht richtig, denn von einer Beziehungskrise sind immer beide Teile betroffen und sollten deshalb auch gemeinsam versuchen, sie zu lösen. Aber gerade Männer sind erfahrungsgemäß immer noch oft nicht zur Teilnahme an einer Partnertherapie bereit.

Das zentrale Problem in Angelikas Ehe bestand darin, daß sie sich mehr »seelisch-geistige Harmonie« wünschte, während ihr Mann ihr vorhielt, sie sei »zu wenig körperlich«. Da er die Sexualität im Lauf der Zeit derart in den Vordergrund stellte, glaubte Angelika, daß er eigentlich nur noch das von ihr wollte – und das empfand sie – völlig berechtigt – als zu einseitig.

Im Verlauf der Therapie stellte sich bei Gesprächen heraus, daß Angelikas Mann sie an einen früheren Partner erinnerte, mit dem sie vor langer Zeit einmal ein kurzes, sehr unglücklich verlaufenes erotisches Abenteuer erlebt hatte. Die tiefe Abneigung, die sich damals bei ihr gegen jenen Partner entwickelte, übertrug sie nun auch auf ihren Mann, wenn er sexuelle Bedürfnisse zeigte. Dieser Zusammenhang war ihr aber nicht mehr bewußt.

Allein die Einsicht in diese Hintergründe half ihr aber noch nicht weiter. Deshalb leitete ich sie zur positiven Selbstbeeinflussung an, deren Ziel darin bestand, ihren Mann wieder anzunehmen und auch die eigenen sexuellen Bedürfnisse wieder zuzulassen. Nach einigen Wochen setzte sich das positive Denken durch, und Angelika berichtete mir eines Tages, daß sie aus eigenem Antrieb ihren Mann regelrecht verführt hatte. (Der war darüber so verblüfft, daß er dabei »versagte«, aber dieses Problem war rasch überwunden.)

»Wir fühlen uns wie in den zweiten Flitterwochen«, berichtete Angelika beim Abschluß der Behandlung, »und ich spüre jetzt auch ganz innig die seelisch-geistige Harmonie, die ich vorher so vermißt hatte.« Von Eheproblemen kann bei den beiden keine Rede mehr sein. Dabei ist es keineswegs so, daß sich Angelika den Bedürfnissen ihres Mannes angepaßt hätte. Sie entdeckte nur ihre eigenen Bedürfnisse wieder und ließ sie zu. Mit der Verhaltensänderung veränderte sich auch das Verhalten ihres Mannes, so daß er ihren Bedürfnissen entgegenkam, ohne daß einer von beiden sich dazu hätte zwingen müssen.

Zu den allgemeinen Vorstellungen, die Partnerschaft und Familie günstig beeinflussen können, gehören zum Beispiel folgende Formulierungen:

> »Ich nehme meinen Mann/meine Frau/meine Kinder an. –
> Ehe/Familie macht froh und glücklich.«
>
> »Wir gehören zusammen und schaffen alles gemeinsam.«
>
> »Konflikte (*oder* Probleme, Streit *und ähnliches*) ganz gleichgültig –
> Liebe (*oder* Ehe, Familie) ist wichtig – wir schaffen es.«

Dank solcher positiven Vorstellungen verändert sich auch eine gestörte Partnerschaft und Familie allmählich, sofern alle Beteiligten dazu noch die Bereitschaft mitbringen. Eine unheilbar zerrüttete Beziehung kann man aber auch auf diese Weise wohl kaum noch retten, weil keine Gemeinsamkeiten – auch nicht zum positiven Denken – mehr vorhanden sind. Dann hilft positives Denken aber wenigstens dabei, schneller über die »Trauerarbeit« nach der Trennung hinwegzukommen.

Schluß: Gegenüberstellung von Denkansätzen

– Negative Denkansätze –
und wie man sie positiv »umpolt« –

Negative Gedanken schleichen sich wohl bei jedem Menschen zwischendurch einmal ein, oft bei Ermüdung, Krankheit oder als Reaktion auf Enttäuschungen und Mißerfolge. Sie bleiben ohne negative Folgen, wenn man sie erkennt und rechtzeitig positiv »umpolt«, ehe sie ihre Wirkung entfalten können. Dazu leitet die folgende Aufstellung häufiger negativer Gedanken an, der die entsprechenden positiven Denkansätze gegenübergestellt werden, mit deren Hilfe man sie überwinden kann. Manche der Beispiele mögen auf Anhieb überhaupt nicht negativ erscheinen, aber wenn man genauer darüber nachdenkt, erkennt man auch in ihnen den negativen Kern.

Da es eine Vielzahl solcher Gedanken gibt, konnten nur wenige herausgegriffen werden, die man in der psychotherapeutischen Praxis immer wieder hört. Die gegenübergestellten positiven Gedanken haben sich zur Überwindung gut bewährt, können aber auch individuell anders formuliert werden.

Negative Denkansätze	Positive Denkansätze
»*Es wäre besser gewesen, wenn ich nie zur Welt gekommen wäre.*« Dahinter kann eine Depression mit Krankheitswert stehen, die im Einzelfall psychotherapeutisch behandelt werden muß.	»*Ich bin von Natur einzigartig und wertvoll, nehme mich an, so wie ich bin.*« Dadurch hebt man das Selbstwertgefühl und findet zum Einklang mit sich selbst.

Negative Denkansätze	Positive Denkansätze
»Leben bedeutet doch vorwiegend Sorgen und Mühe; die wenigen Augenblicke des Glücks, dafür lohnt es sich doch kaum.« Auch dahinter kann eine Depression stehen; außerdem blockiert diese Einstellung oft die Wahrnehmung der schönen Seiten des Lebens.	*»Ich bin offen für Freude und Glück, genieße das Leben in jedem Augenblick – alles Unangenehme geht vorbei.«* Mit dieser Einstellung lernt man, sich auch an den kleinen Dingen des Lebens zu freuen, die häufig geringgeschätzt werden.
»Ich habe sowieso nie Glück, wozu soll ich mich dann überhaupt anstrengen.« Mit dieser negativen Einstellung, die meist auf schlechten Erfahrungen beruht, programmiert man Mißerfolge geradezu vor und verurteilt sich selbst zur Untätigkeit.	*»Ich vertraue auf mich, nehme mein Leben selbst in die Hand und schaffe alles, was ich anstrebe.«* Einfacher kann man das auch mit der Volksweisheit »jeder ist seines Glückes Schmied« ausdrücken.
»Das ist Schicksal, dagegen kann man nichts machen.« Gewiß, es gibt Schicksalsschläge, die man nicht ändern kann, aber ihre Verarbeitung hängt entscheidend von positiven oder negativen Reaktionen darauf ab.	*»Ich bin frei und mutig, gestalte mein Leben aus eigener Kraft – alles Unangenehme geht vorbei.«* Damit überwindet man die häufige Lähmung, die vor allem nach schweren Schicksalsschlägen droht.
»An meinen Schwierigkeiten waren immer andere schuld« (Zum Beispiel Eltern, Familie, Vorgesetzte). Zwar werden wir durch andere mehr oder minder stark beeinflußt, letztlich bleiben wir aber doch selbst für unser Leben verantwortlich und dürfen diese Verantwortung nicht auf andere abwälzen.	*»Ich lasse meine Vergangenheit los, vergebe allen, die Fehler an mir begangen haben, lebe frei und unabhängig im Hier und Heute.«* Dadurch befreit man sich von negativen Einflüssen aus der Vergangenheit.

Negative Denkansätze

»Die meisten Probleme lösen sich irgendwie, wenn man sie lange genug vor sich herschiebt.«
Das kann zwar zutreffen, aber mit einer solchen Haltung verspielt man die Chance, den Gang der Dinge selbst positiv zu steuern.

»Heute kann man keinem Menschen mehr trauen.«
Diese Ansicht ist vor allem unter älteren Menschen verbreitet und fördert deren soziale Vereinsamung.

»Die meisten Menschen sind heute egoistisch nur auf ihren Vorteil bedacht.«
Wir alle denken doch in erster Linie an den eigenen Vorteil und erst dann an die anderen.

»Kontakte mit anderen Menschen bringen mir nicht viel.«
Man sollte bei sozialen Beziehungen nicht nur fragen, was man selbst davon hat, sondern auch, was man den anderen geben kann; nur so funktioniert soziales Miteinander.

Positive Denkansätze

»Ich lebe frei und unabhängig – Probleme verschwinden aus eigener Kraft, ich schaffe das.«
Diese Vorstellung aktiviert die Bereitschaft und Energie, um Probleme aus dem Weg zu räumen.

»Ich bin offen und ehrlich mit mir selbst und anderen.«
Mit diesem Vertrauensvorschuß geht man natürlich ein Risiko ein und kann Enttäuschungen erleben, aber das ist nicht so schlimm wie die Vereinsamung; oft reagieren die anderen, die im Grunde ebenso mißtrauisch und vorsichtig sind, auf die Offenheit schließlich auch positiv.

»Ich nehme mich und andere an, so wie sie sind, und erlaube jedem, frei er selbst zu sein.«
Nur wenn man sich selbst mit dem eigenen Egoismus annimmt, kann man sich mit dem Gedanken aussöhnen, daß auch andere sich egoistisch verhalten.

»Ich gehe auf andere zu, öffne mich für sie und bringe mich ein.«
Das fördert zunächst die Bereitschaft zur Aufnahme und Pflege sozialer Kontakte, was heute vielen Menschen schwerfällt.

Negative Denkansätze	Positive Denkansätze

Negative Denkansätze

»In meinem Alter kann ich mich nicht mehr ändern.«
Diese Ansicht hört man oft schon von Menschen mittleren Alters als Entschuldigung; sie verbaut jede weitere Entwicklung der Persönlichkeit.

»Ich kann auch nicht über meinen Schatten springen.«
Ebenfalls eine häufige Entschuldigung, die nur bedingt richtig ist und die persönliche Entwicklung behindert; innerhalb gewisser Grenzen kann selbst der alte Mensch sich noch ändern.

»Das haben wir schon immer so gemacht.«
Auch wenn man viele Jahre stets nach dem gleichen Schema verfährt, muß das nicht unbedingt die ideale Lösung sein; es lohnt sich, immer wieder einmal kritisch zu fragen und neue Wege zu erproben.

»Es kommt selten etwas Besseres nach.«
Diese negative Vorstellung hat die Tendenz, sich selbst zu verwirklichen, auch wenn das nach Lage der Dinge überhaupt nicht notwendig wäre.

Positive Denkansätze

»Leben ist Wandel – ich versuche, mich zu erkennen, und arbeite an mir.«
Sobald man sich dazu durchgerungen hat, wird man sich immer wieder selbst in Frage stellen, nach neuen Ansätzen suchen und sich dadurch stetig fortentwickeln; das Leben wird dann nie langweilig.

»Ich bin offen und frei, setze mir neue Ziele und verwirkliche sie gerne.«
Damit kann man die »Schatten« – zum Beispiel festgefahrene Gewohnheiten, Einstellungen und ähnliches – aufbrechen und sich im Einklang mit sich selbst entwickeln.

»Ich öffne mich dem Neuen und nehme es an.«
Natürlich ist nicht alles Neue gut, aber man öffnet sich damit für neue Ansätze, die zumindest geprüft werden sollten.

»Ich blicke mit Mut und Zuversicht in die Zukunft.«
Dadurch vermeidet man zwar nicht alle Enttäuschungen, programmiert sie aber nicht gerade vor.

Register